精神分析を語る

藤山直樹・松木邦裕・細澤 仁

みすず書房

精神分析を語る　目次

第Ⅲ部　精神分析的心理療法の実際

本書は二〇一三年二月十日、四月十三日、八月二十四日に収録した鼎談を元に編集・構成しました。

まえがき

本書は、わが国の精神分析の世界において権威といってもよい藤山直樹、松木邦裕両先生（藤山先生は現在の日本精神分析学会会長であり、松木先生は前会長であることからも、お二人が権威であるということに関して異論のある向きはいないでしょう）と私、細澤仁の三人による精神分析をめぐる放談です。藤山、松木両先生は権威であると共に精神分析の外の世界でもその名が知られている著名人でありますが、私は異端児（と言えば聞こえがよいのですが、実際のところ私は精神分析の世界では何者でもない存在に過ぎません）であり、無名とまでは言えなくても、知る人ぞ知る程度の著名度しか持ち合わせていません。精神分析業界の内部の人ならば、この三人の取り合わせに首をかしげることでしょう。藤山先生と松木先生の対談ならわかるが、そこになぜ細澤が絡むのかと疑問を抱くのももっともなことです。私がここに入っている理由は、藤山、松木先生が私の師匠であるということのみです。もっとも、お二人には私などが足元にも及ばない優秀な弟子が多数います。私などは不肖の弟子どころか、反逆児であり、いつもお二人に失礼なことを言って、かみついている放蕩の弟子です。本当に質が悪いですね。そんな私の呼びかけに応じて、このような企画に乗ってくれたお二人の度量の広さに感心します。

本書の企画は、鼎談の当事者である藤山先生が還暦を迎えるという状況の中、持ち上がりました。昨年、私は、これまた鼎談の当事者である松木先生の還暦を記念して、松木先生との「対決本」を企画しました。それは『松木邦裕との対決 精神分析的対論』（岩崎学術出版社）というかたちで刊行されました。対決本に関して言えば、私は以前より松木先生に物申したいと思っていましたし、また松木先生には対決が似合うということもあり、渋る松木先生を強引に説得して、企画を立ち上げ、出版にこぎつけました。割合と破格な企画でしたが、よい本ができたと自画自賛しています。そうこうしているうちに、今度は藤山先生も還暦を迎えることになりました。藤山先生も松木先生ほどではありませんが、性格が偏向しているところがありますので、ありきたりの還暦記念論文集では出版に応じるはずがないと思われました。しかし藤山先生は、松木先生と比較すると、気配りの人であり、また外見や雰囲気に似合わず平和主義者なので、対決は似合いませんし、嫌がるだろうと思いました。しかし、妙案もなく、一旦はあきらめかけたとき、私の身近な人がアイデアを出してくれました。そして、この本の企画がスタートしました。

藤山先生は、心理臨床や精神分析の世界で精神分析原理主義者と目されています。若手の精神分析臨床家から原理主義者として変に理想化されている節もあります。たしかに、藤山先生の著作を読んだり、学会・研究会での発言を聴くと、そのイメージもあながち的外れとは言えない部分もあります。しかし、そこには誤解もまた確実にあります。少なくとも、何かの折に気楽な場で藤山先生と話をする際に、私は精神分析原理主義者ではない藤山先生を体験しています。私は、そういう藤山先生を敬愛していますし、私が弟子としてもっとも影響を受けたのも藤山先生の精神分析原理主義に留まらない部分です。私は、その部分こそが、藤山先生の中で、もっとも生き生きとしていて、オリジナルな何かだと思っています。もちろん、藤山先生は筋金入りの精神分析愛好家なので、私の考えに同意しないでしょうけれども。私は、藤山先生の原理主義に留まらない部分は気楽な場における自由な会話の中にこそ現出すると考えています。そこで、藤山先生に関心を抱く人にそこに触れて欲しいという思いもあり、この本のアイデアは結実していきました。

当初は、私と藤山先生の二者による対話も考えましたが、やはり三者による対話のほうが発展性があるだろうと考え、鼎談のかたちにすることにしました。そして、三人目は、藤山先生の精神分析原理主義に留まらない部分を際立たせるために、正真正銘の精神分析原理主義者が相応しいだろうと考えました。また、鼎談なので、私も藤山先生も遠慮せずに気やすく話ができる人がいいだろうと思い、松木先生に声をかけた次第です。松木先生は精神分析原理主義者として右に出る者もいない方なので、これ以上の人選はないでしょう。幸いにも、松木先生は趣旨を理解した上で、快く引き受けてくれました。

本書の構成は、藤山、松木、細澤による精神分析をめぐる放談と事例検討から成ります。事例は細澤が提示し、藤山、松木両先生がコメントをしています。事例検討を加えたのは、鼎談の中で語られたそれぞれの精神分析観の違いが、事例を通して具体的に明確になることを期待してのことです。

さて、結果は私の目論見通りになったでしょうか？　このまえがきは、鼎談が終わって、編集段階で書いているのですが、やはり人生と同じく私の目論見通りとはいかなかったようです。事の顚末は読者のみなさまの目で見届けてください。しかし、目論見通りとはいきませんでしたが、本書は手にとった読者のこころを喚起するものにはなったようです。それでよしとしましょう。

本書は三人の対話の記録です。私は、本書の肝心要はライブな感覚だと思っています。そもそも精神分析の本質はセッションの一回性の中にあるので、それは常に現場の中でしか体験され得ません。この鼎談はライブではなく、その記録ですので、すでにその本質を失っています。この鼎談に再び魂を吹き込むために、読者にも対話に参加してもらいたいと思います。読み進めながら、三人の発言に厳しい突っ込みを入れてください。そして、機会があれば、直接対話をしましょう。

細澤　仁

第Ⅰ部　精神分析とは何か？

精神分析との出会い

細澤　最初に、お二人は精神分析とどのように出会ったのか、ということについて聞かせてください。藤山先生からお願いします。

藤山　出会いは読書ですよ。高校時代の読書。僕はどっちかっていうと脳は理科系というより文科系で、小学校四年生のとき、谷崎潤一郎とか永井荷風とか読んでた。ませてたんだね。『仮面の告白』は小学校五年生のときに読んで非常に気持ちが動いたのをよく覚えているし、カミュとかサルトルとか、中学のときの愛読書だったよね。あと現代詩なんかも好きだったんですよ。谷川俊太郎とか吉岡実とか。

サラリーマンにはなりたくなかったんですよね。父親がサラリーマンで苦労しているのよくわかっていたから。で、何やろうかと考えて、学者とか研究者とかになろうと思ってた。天文学者になりたかったんですよ。星が子どものころから好きだったからね。だけど高校で理科系のクラスにいると、できる子はすごく理科系なんですよ。

あざやかに解くんですよ、こっちが定石通りに解いている問題をね。私は数学ばっかり勉強してたから成績はとれるんだけど、本質的に理科系のセンスがない。どうしようかなあと思ったとき、家が貧乏でなかったら仏文科とかに行きたかったんだよね。大江健三郎とか倉橋由美子とかにかぶれてたからね。だけどいろんな人が「食いっぱぐれる」とかね、そういうふうに言うんですよ（笑）

困ったなあ、どうしようかなあと思っているとき、たまたま出会ったのがフロイト[1]。面白かったわけ。なんかわくわくしたんだよね。人間のこころにこういうふうに迫るってのもあるのか、と。しかもフロイトは医者だから、医者になってやれば食いっぱぐれないんじゃないかと。面白くかつ食いっぱぐれない、それなら精神科医だ、とこういうふうに思ったわけですね。

だから高校二年ぐらいから精神科医になろうと思ってた。理系のクラスにいたから受験では困らなかった。医学部を受験したときすぐに僕は精神科医になろうって思ってたんですね。他のことは考えていませんでした。でもほんとは精神分析と精神医学の区別はまったくわかってなかった。

藤山直樹

細澤　松木先生はいかがですか？

松木　この件は著作に書いたことがありますが、

1 ジクムント・フロイト（Sigmund Freud, 1856-1939）　オーストリアの精神分析学者、精神科医。精神分析の創始者であり、その思想は精神医学分野に留まらず、今日の社会・文化論にも多大な影響を与えた。主な著作に『ヒステリー研究』（一八九五）『夢判断』（一九〇〇）『精神分析入門』（一九一七）『モーセと一神教』（一九三九）『精神分析概説』（一九四〇）など（以下、本書中では邦訳書名を挙げる場合は原著発表年を表記する）。

私がはじめて精神分析を知ったのは、中学三年の後半だったんじゃないかな。今でははっきり覚えてないけど。まったくの偶然で本屋に並べられていたのを見つけて、宮城音弥[2]の『精神分析入門』[3]という新書を買ってみて読みました。大変なショックを受けました。ここには人間についての本当のこと、真実が書かれていると思いました。親や教師やまわりの大人が誰も教えてくれなかった人間の真実です。自分自身が感じたり観察したり、またなんとなく想像したりしていたことが、それ以上に明瞭なかたちで書かれていたんです。それを読んだときに、「ああ、ここに書かれていることが本当の人間だな」って思ったんですね。要するに、自分でもわからなかった自分自身のある振る舞いや考え方がそこに書いてあることから理解できるし、周りの人間に観察していたこと、なんでこの人がこんなふうなんだろうかと常々疑問に思っていたことも理解できる考え方が書かれていると私は感じました。今日的な視点からは、精神分析の古典的な理論の主なものを並べてあるだけだったんですけど、精神分析という人間の真の姿をとらえる学問があるんだっていうことを実感したんです。

それをきっかけに、新潮文庫に入っていたフロイトの『精神分析入門』[4]とか、『性と愛情の心理』[5]を読んでみました。そうすると、さらに人間が理解できることがたしかに書かれていた。後者はいささかわからないところもありましたけどね。こんなものが――精神分析のことですが――世の中にあるんだって、非常に感銘を受けたんです。それが決定的なものですね。

2 宮城音弥（みやぎ・おとや、一九〇八―二〇〇五） 日本の心理学者。東京工業大学名誉教授。著書『心理学入門』（一九五二）『夢』（一九五三）『日本人の性格』（一九六九）など。

3 『精神分析入門』 岩波新書（一九五九）

4 『精神分析入門』（一九一七） 上下巻、高橋義孝・下坂幸三訳、新潮文庫。

5 『性と愛情の心理』（一九〇五／一九一〇／一九一二／一九一八） 安田徳太郎・安田一郎訳、角

今思えば、精神分析というものを自分で発見したことが、私にとっては大変重要なことだったと思いますね。親から、あるいは他の大人から与えられたり教えられたりしたものではない、友達に聴いて知ったものでもないという。だから、そのころの私にとっては誰の手垢も付いていないものだったんです。その分、自分の発見の輝きがありました。

だから、精神分析臨床の世界に入ったときは、まわりもそんな人たちばかりだと思っていた。ところがそうでもなくて、「入局した教室に精神分析の好きな先輩がいて教えてもらった」とか、「精神科の治療を始めて精神分析を知った」といった人がたいていで、「自分みたいなのは例外のようだぞ」と気づいて、驚きました。ハンナ・スィーガル[6]とかジョン・パデル[7]、ビオン[8]もかな、彼らは精神分析を実践するために医学部に入っていますね。つまり、その前に知っていた、発見していたということですよね。

テニスやゴルフといったプロスポーツは子どものころから始めた人がよりうまくなりますね。結果として、私もそのようなものなのかな。人より早く精神分析に目覚めました。もっとも、それはみんなよりずっと早くから病的だったということでもあります。たしかに、この道に入ってわかったことは、自分が子どものころにずっと困っていたことがあったのですが、それが幼児神経症だったとのことでしたね。

藤山　すごいなそれ。早いな。精神医学より先に精神分析を発見してるんですね。

川文庫。

6 ハンナ・スィーガル（Hanna Segal, 1918-2011）　イギリスの精神科医・精神分析家。著書『メラニー・クライン入門』（一九六四）など。

7 ジョン・ハンター・パデル（John Hunter Padel, 1913-1999）　イギリスの精神科医・精神分析家。

8 ウィルフレッド・ルプレヒト・ビオン（Wilfred Ruprecht Bion, 1897-1979）　イギリスの精神科医・精神分析家。著書『再考』

松木　あの当時、フロイトが精神分析を実践しているっていうことは知ってたんだけど、フロイトが医者だっていうのはおかしなことに全然頭になかったんですね。父親が医者なのでまわりに医者は多かったけど、精神科関係の医者はいなかったから、医者の仕事じゃないと思い込んでいたのかもしれないです。要は、自分の精神的な苦しみであり、人間存在の不可思議さを解決するキーというものを精神分析は持っているのだと感じたんですね。

細澤　なるほど、藤山先生の妙に健康的で現実的なところと、松木先生のいかにも病的で空想的なところがよく表れているお話ですね。僕も藤山先生と似ていて、中学校のころには文学少年でした。小説や戯曲を手当たり次第に読むかたわら、わかりもしないのに哲学書にも手を出し、哲学書のカテゴリーの中でフロイトの著作と出会ったわけです。ただ僕は、藤山先生や松木先生と違って、他の哲学者の著作に比べてフロイトの著作は論理の粗雑さが目に付き、当時、それほど感銘を受けていません。

　その後、「文学で生きていこう」みたいな思いがあって、文学部に入ってしまい、哲学科に入ってしまい……（笑）当時ニュー・アカデミズムの大ブームが起こっていて、僕もそれにかぶれてフランス構造主義とかポスト構造主義に興味を惹かれました。構造主義は精神分析を基盤としているんですね。それで、拙いフランス語力でラカンを原書で読んだり、その他フランスの構造主義者やポスト構造主義者の精神分析論に触れたわけです。なので、僕の精神分析とのかかわりは、臨床の知としての精神

（一九六七）『精神分析の方法』（一九七七）など。

分析ではなく、思想としての精神分析だったわけです。しかし、僕の専門は美学美術史学、なかでも美術史だったので、哲学科の中では、実践ときわめて関係が深い分野でした。美術は、思想と実践が交差する領域です。そこは精神分析と似ています。美術に関連した職業に就くつもりでしたが、いろいろありまして、僕は医学部を受け直しました。僕は病気よりも人間そのものに関心があったので、入学の時点でもうかなり精神科に行くということを考えていましたね。そのときには精神分析について多少意識していました。

精神分析家との出会い

細澤　お二人は、いつごろから精神分析のトレーニングを始めたんですか？

藤山　大学を出て東大の精神科の外来に入ったんですが、これは今の人はわからないだろうけど、そのころは大学紛争の余波で、東大精神科は外来と病棟に完全に分裂してた。外来は日共系、病棟は新左翼系だったんですね。私は完全にノンポリ、学生時代の延長で研修医になっても芝居ばっかりやっていたわけです。でもまあ外来のほうがまともかな、と思ってそっちに入ったんです。そのころ外来の医者が病棟に入ったら殴られてました。現実に殴られた人、何人もいます。病棟の医者が外来の待合室に大挙押しかけてきて、スプレーでアジるメッセージをでっかく書いていったりね。そういうところでみなしごのように精神科医としての乳児期をすごしたわけだけど、芝居ばっかりやってた。劇団を主宰して稽古場なんかも借金して作ってやってた。

医者になって四年たって帝京大学に移ったら病棟があってね。臨床がおもしろくなったんです。そしてそのころ劇団がつぶれた。芝居ってのは一人ではできないですからね。つぶれたらできないですよ。それが一人で小説や詩を書くのと違っているわけで。土居健郎[9]先生が年五回ほど病棟の患者のコンサルテーションに帝京の医局に来てました。もうそのころ先生は東大の教授はやめてた。私が東大の外来医局に入ったとき東大精神科の教授だったんだけど、教授会から外来と病棟の統合をやれと言われてますから、相当苦労したんですよ。結局双方から総すかんだったんで、研修医時代は外来の上の先生から悪いことしか伝わってこない。だから私は東大にいるときは「土居先生はろくなもんじゃない」と思っていたんですよ。でも帝京のセミナーで出会った土居先生はすごかった。本物を感じましたね。患者のことがわかるし、患者とどう付き合ったらいいのかわかる。これがやっぱり大きかったんですよね。みなしごハッチみたいなところに土居健郎登場ですからね。ほんとうに精神分析に出会ったのは、あのときだと思いますね。

それで精神分析っていうのやってみたいと思って、すぐ慶応でやってた分析セミナーに行くようになった。八二年に帝京大学に移って、八三年から行きはじめて。そのときに周りの人に「分析やるんだったら、治療を受けるのがあたりまえだそうだぞ」

9 土居健郎（どい・たけお、一九二〇―二〇〇九）日本の精神科医・精神分析家。東京大学名誉教授。著書『精神療法と精神分析』（一九六一）『「甘え」の構造』（一九七一）『方法としての面接』（一九七七）など。

って言われた。僕は「あ、そうか」ってすぐ思っちゃうほうだから、そりゃ受けてみなけりゃわからんだろ、とポンと治療を受けに行っちゃった。佐藤紀子[10]さんっていう人のところに。それから四年くらい行くんだけど。彼女は古澤平作[11]に分析を受けた人でＩＰＡ（国際精神分析学会）の分析家資格ももっていたんだけど、小此木先生[12]とあまりうまくいってなくって、学会の中心から距離を置いていた。こういうことはあとから知るんですけどね。佐藤先生は心理出身の人で自宅でプラクティスしていました。

　佐藤先生の治療受けはじめてしばらくして、土居先生のところに個人スーパービジョン受けに行きはじめたんです。その前に土居先生から帝京のセミナーに出したケースのことで葉書をもらったんです。土居先生はものすごく筆まめの人だからね。患者と一生懸命やると周囲の人との関係が悪くなるから気を付けろ、って書いてあった。その患者のことで病棟婦長とうまくいかなくなったからね。うれしかった。それでふらふらと土居先生のところに行ったんですよ。

細澤　松木先生はいかがですか？

松木　私は、大学に入る前から、卒業したら実家の産婦人科を継ぐ予定だったんです。すでに小学校のときに老後までの生活設計が決まっていたわけです。ところが、大学の卒業試験の前に実家へ帰ったら、両親が突然「これからは流行らないから産婦人科医になるな」っていうんです。突然そういう話があって、「ええっ、いったいなんなんだ⁉」って、私は思ったんですが……。

10 **佐藤紀子**（さとう・のりこ、一九三〇―二〇〇五）日本の精神分析家・精神分析学者。著書に『白雪姫コンプレックス』（一九八五）など。

11 **古澤平作**（こさわ・へいさく、一八九七―一九六八）日本の精神科医・精神分析家。ウィーン精神分析研究所への留学から帰国したのち、一九五五年日本精神分析学会を創設し初代会長となった。「阿闍世コンプレックス」の提唱者としても知られる。

12 **小此木啓吾**（おこのぎ・けいご、一九三〇―二〇〇三）日本の精神科医・精神分析家。慶應義塾大学在学中から古澤平作に薫陶し、日本精神分析学会の設立に多大な貢献をした。著書『現代精神分析の基礎理論』（一九八五）『エディプスの阿闍世』（一九九一）『現代の精神分析』（二〇〇二）など。

藤山　それはひどいな（笑）

松木　私は家を継がねばならないと思って医学部に入り、そこで過ごしていましたから。それで、卒業を前にして、自分は何をやりたいかと自分に問うたわけですよね。そのときに、「そうだ。精神分析だ」と思いました。大学受験のとき、心理学科受験を空想だけはしていましたから。それで、私は熊本大学だったですが、急遽精神分析が学べそうなところを探しました。すでに読んでいた本から九大心療内科が精神分析的な治療を行っていると判断して、九大の心療内科を訪ね、医局長や池見酉次郎教授[13]と会って入局を決めました。しかし実際に入ってみると、心療内科は自律訓練、交流分析、行動療法が三本柱であるということで、精神分析の用語はかなり使われていますが、その方法はありませんでした。それで三年で見切りをつけて。福岡大学の精神科が精神分析を実践しているっていうんで、移りました。そこで牛島先生[14]や西園先生[15]のスーパービジョン、前田重治先生[16]からの分析を受けました。教室は精神力動的な考えが主流でしたから、研究会や輪読会も盛んでした。そのあと、力動精神医学よりももっと精神分析的なものを求めて、タヴィストック・クリニックに行き、精神分析やスーパービジョンを経験しました。

藤山　今の精神病理学会の前身の精神病理懇話会っていうのがあったときに家庭内暴力のケースについてしゃべったんですけどね、よく覚えているんだけど、僕の演題の前でしゃべっていたのが松木先生だったんですよ。先生、自我心理学をしゃべってい

13 **池見酉次郎**（いけみ・ゆうじろう、一九一五―一九九九）日本の医学者。一九六〇年、日本心身医学会を設立。初代理事長となり、日本の心身医学・心療内科の基礎を築いた。著書『心療内科』（一九五〇）『自己分析』（一九六八）『セルフ・コントロールの医学』（一九七八）など。

14 **牛島定信**（うしじま・さだのぶ、一九三九―）日本の精神科医・精神分析家。著書『対象関係論的精神療法』（一九九六）『人格の病理と精神療法』（二〇〇四）など。

15 **西園昌久**（にしぞの・まさひ

ましたよね、あのとき。ピーター・ブロス[17]とか引用していましたよ。

松木　ああ、そうですか。

藤山　ロンドンに行く直前ぐらいなんじゃないですかね。そのとき、宝塚に行く電車の中で、なんか背のひょろ長ーいおじさんがいるな、と思っていたら、それが成田先生[18]だったんですよ。ああ、これが有名な成田先生かぁーと思った記憶がある（笑）

細澤　そのときすでに成田先生は有名だったのですか？

藤山　もう、有名ですよ。『精神療法の第一歩』[19]とか書いてましたから。あのころはやっぱり成田先生、神田橋先生[20]とか中井先生[21]とか、もう、スターですよね。

そういえば、八三年ごろは、ちょうど小此木先生が精神分析協会のキャンディデート（候補生）をガーッと募集した時期だったんですよ。僕はなんとなくキャンディデートになった。佐藤紀子さんは協会所属の分析家ではあったけど訓練分析家じゃなかったし、分析を受け直さなければいかんのかなと思ってました。そのころ訓練分析の基準は週一回のペースだったんですが。そんなことをやっているうちに土居先生のスーパービジョンが、結果的に八三年から六年続いたと思うんだけれどもまあ終わっていいんじゃないか、ということになって、「別の人のところに行きなさい」って言うから、狩野先生[22]のところに行った。同じころ、分析を訓練分析家に受けようと思って、小倉先生[23]のところに行って分析を受け始めた、週一回のね。そのころは週一回でも分析だと思ってたんですよね。それが四年くらい続いて、そのころのレギュレーション

さ、一九二八―）日本の精神科医・精神分析家。福岡大学名誉教授。著書『精神分析の理論と実際』（一九七五／一九七六）『精神分析技法の要諦』（一九九九）『力動的精神療法』（二〇一一）など。

16 **前田重治**（まえだ・しげはる、一九二八―）は、日本の医学者、精神科医・精神分析家。九州大学名誉教授。著書『自由連想法覚え書』（一九八四）『図説臨床精神分析学』（一九八五）『「芸」に学ぶ心理面接法』（一九九九）など。

17 **ピーター・ブロス**（Peter Blos, 1904-1997）ドイツ生まれの精神分析家。著書『青年期の精神医学』（一九六二）『息子と父親』（一九八五）など。

18 **成田善弘**（なりた・よしひろ、一九四一―）日本の精神科医。著書『精神療法の第一歩』（一九八一）『青年期境界例』（一九八九）『精神療法家の仕事』（二〇〇三）など。

だったらもう精神分析家の資格をとれるところまでいったんですよ。それで、そろそろ応募書類出そうかなーと思ってました。

そうしたらね、アムステルダム・ショックが起こりました。あれは本当に私にとっても日本の精神分析にとっても大変に大きなことでした。九三年、九四年ごろは大変だったなあ。「週一回ベースじゃ本物じゃないんだぞ」っていうのが、ロンドンに留学している人からメールで来るわけですよ（笑）まだ電子メールの始まったばかりのころですよ。いままでの日本の訓練は本物じゃないんだっていう。じゃ、どうするのか。八十人いた分析協会のキャンディデートも六人になっちゃったからね。そりゃ週一回でいいと思ってたのに週四回ということになると腰が引けますよ。生活は全然変わるからね。毎朝行くわけだから。それに訓練分析家がもてるキャンディデートの数だって、週一だったら十五人くらいはもてるだろうけど、週四以上ということになるとせいぜい三人くらいだよね。八十人も順番が回ってくるわけない。そんななか、なぜか僕はね、精神分析っていうものをもっとちゃんとやってみたいというふうに思ったんですよね。不思議といえば不思議ですが、今考えれば大きな決断でしたね。

細澤　今なら、少しわかるんじゃないですか？

藤山　うーん……でもやっぱり、好きだったからですよね。面白そうだったからね。そのころは福本先生[24]がいろんな刺激を送ってくれたし、イギリスから帰ってきた松木先生とか衣笠先生[25]とかの存在も大きかった。衣笠先生のセミナーに出ていたし。あと

19 **『精神療法の第一歩』** 診療新社（一九八一）→『新訂増補　精神療法の第一歩』金剛出版（二〇〇七）

20 **神田橋條治**（かんだばし・じょうじ、一九三七―）日本の精神科医。著書『精神科診断面接のコツ』（一九八四）『精神療法面接のコツ』（一九九〇）など。

21 **中井久夫**（なかい・ひさお、一九三四―）日本の精神科医。神戸大学名誉教授。甲南大学名誉教授。著書『精神科治療の覚書』（一九八二）『中井久夫著作集』（一九八四―九一）『統合失調症の有為転変』（二〇一三）など。

22 **狩野力八郎**（かの・りきはちろう、一九四五―）日本の精神科医・精神分析家。著書『重症人格障害の臨床研究』（二〇〇二）『方法としての治療構造論』（二〇〇九）など。

23 **小倉清**（おぐら・きよし、一九三二―）日本の精神科医・精

オグデン[26]の本を自分で訳したりして、英国対象関係論への憧れっていうのはすごく強くなったと思うな。そこにある種の文化ってものがあったし。そして私には佐藤紀子先生がやってたような、お金を手渡しでやりとりする、なんというかな、すっきりした関係の中でやる個人開業のプライベート・プラクティスを生きる中心にしたいと思ってたと思います。もう八〇年代の半ばから自費でしか精神療法はやってなかったんですよ。そういうことやるんなら、精神分析で筋を通さないとできないと思った。

細澤　僕はフォーマルな精神分析を日本で実践している人がいるなんていうことを想像していませんでしたね。これはあくまで欧米的な文化の中でのみ可能なものなんじゃないかというふうに思っていました。正直、欧米社会における金持ちの道楽だと思っていたわけです。週四回以上もオフィスにやってきて、カウチに横たわり、自由連想して、その上きちんと料金を払えて、社会生活を営める人なんて日本にいるわけないって思っていました。要するに、日本にはお金と時間を両方自由にできる人はほとんどいないし、仮にそういう人がいたとしても、そういう人が精神分析を求めると思っていなかったわけです。

　また、たまたま僕が入局したのが神戸大学医学部精神神経科だったということもありました。当時の教授は統合失調症の精神療法で有名だった中井久夫先生でした。中井先生は精神分析に対して好意的な人ではなかったこともあり、その他諸々の事情もあって、医局の中に「精神分析なんてするもんじゃない」みたいな雰囲気があったん

神分析家。著書『子どものこころ』（一九九六）『小倉清著作集』（二〇〇六―二〇〇八）など。

24 **福本修**（ふくもと・おさむ、一九五八―）日本の精神科医・精神分析家。共著書『埋葬と亡霊』（二〇〇五）『現代フロイト読本』（二〇〇八）など。

25 **衣笠隆幸**（きぬがさ・たかゆき、一九四八―）日本の精神科医・精神分析家。共著書『境界例とその周辺』（一九九六）など。

26 **トーマス・H・オグデン**（Thomas H. Ogden, 1946-）アメリカの精神分析家。著書『こころのマトリックス』（一九八六）『「あいだ」の空間』（一九九四）『もの想いと解釈』（一九九七）など。

細澤　仁

ですよね。

藤山　それはアンビバレンスというか、土居健郎の精神分析へのアンビバレントな感情とつながっていると思うなあ。土居先生にはたしかにそれがあった。亡くなる直前に彼と話したとき、彼は「藤山君は精神分析家になったなあ。僕は精神科医だよ」と言ったんです。この言葉は私にとってはすごくインパクトのある言葉だった。「おまえは精神科医の部分をどうするんだ」と言われたような気がした。今、精神神経学会なんかで精神療法部会長なんかをやって、あまり成果はあがらないかもしれないけど、精神療法を精神医療の中で維持するような活動に参加しているのは、それと関係があるんだと思う。中井先生はずっと土居先生とつながりのあった人じゃないですか、土居ゼミに長いこといた人だし。そこのところは土居先生から受け継いでると思う。

細澤　そうですよね。ご本人は否定すると思いますけど、中井先生の臨床は、今から考えると、精神分析のエッセンスをベースにしているところがありますね。中井先生は、かなり早い時期からビオンについて言及していますし、サリヴァン[27]はともかくとして、間違いなく本物の精神分析家であるマイケル・バリント[28]の翻訳をしているわけです。中井先生は当時、「分裂病の人は夢を見ない」とよく言っていました。今考え

27 **ハリー・スタック・サリヴァン**（Harry Stack Sullivan, 1892–1949）アメリカの精神科医・精神分析家。著書『現代精神医学の

ると、臨床観察に基づく中井先生の発想もあるのだろうけど、ビオンの考えの影響もあったのかもしれないと思いますね。

藤山　そうだよね。彼は「バイオン」だと思って訳書に登場させているけどね。ビオンは当時まだほとんど知られてなかったんですよ。

細澤　僕はそういう文化の中にいたので、関心があったけれども臨床としての精神分析っていう世界があるっていうこと自体を知らなかった。ただ、僕はバイオロジーには関心がなかったので、精神療法を志向していて、精神療法の著作を片手に、自己流で精神療法を実践していました。もちろん、そんなやり方で精神療法ができるはずもなく、散々なことになっていて、そういうときに、たまたまある病院に当直に行ったら、当直室の壁に精神分析セミナーのチラシが貼ってあったわけです。藁にもすがる気持ちでセミナーに申し込みをして、せっかくお金を払うならばケースを出さないと損だというせこい気持ちから、自己流で精神療法をやっているケースを出したわけです。それで、そのときのセミナーの講師が藤山先生で、藤山先生が僕のケースにコメントしたんですよ。

藤山　そうね、そうね。

細澤　ケースを出したら、藤山先生に「これはもう、全然ダメ！」みたいな感じで言われて（笑）

藤山　そんなことないと思いますけどね（笑）　被害的なんですよ。傷ついたんでし

概念』（一九四〇）『精神医学的面接』（一九五四）など。

28　マイケル・バリント（Michael Balint, 1896-1970）　ハンガリーの精神科医・精神分析家。著書『一次愛と精神分析技法』（一九五二）『治療論からみた退行』（一九六八）など。

ょうね、よっぽど（笑）

細澤　そのときの屈辱をばねに、藤山先生を見返したくて、精神分析の勉強をしようと思ったわけです。藤山先生は意外にも親切で、当時大阪で行われていた高橋哲郎先生[29]のグループスーパービジョンを紹介してくれて、そこで本格的にいろいろ学びはじめたんだけど、やっぱり個人スーパービジョンを受けないとダメなんじゃないかという思いが強くて、藤山先生のところに個人スーパービジョンを受けに行くようになったんです。だから最初に精神分析的な臨床家として僕の前に現れた人は藤山先生なんです。

藤山　なんか、他の人も同じようなことを言うんですよ。「最初めちゃくちゃなことを先生から言われて腹立って、それがはじまりですから」って。そんなつもりはないんだけどな。

細澤　昔の藤山先生は本当に厳しかった。はるばる神戸から東京まで行って、藤山先生のスーパービジョンを受けていたのだけど、いつもダメ出しされるだけで、帰りの新幹線の中で、「もう絶対いつか殺してやる」って思っていましたね（笑）　だから若い臨床家がときどきスーパービジョンで支えられるとか救われるとかいうのを聞きますが、僕にはまったく理解できないんですよ。スーパービジョンっていうのはそれこそもう、生きるか殺すかの真剣勝負みたいなイメージでしたね。そういう感覚を藤山先生に教わったように思いますね。

29 **高橋哲郎**（たかはし・てつろう、一九三二―）日本の精神科医・精神分析家。著書『精神分析的精神療法セミナー』（二〇〇七／二〇一〇）など。

藤山　うーん、そうか……。そこまで言ったかな（笑）

細澤　そこまで言ってましたよ。昔の先生は血気盛んだったね。それで、一九九九年に藤山先生がオフィスを作ったとき、オフィスのオープニング記念事例検討会になぜか僕も呼ばれたわけです。面白そうだと思って、それに参加したら、松木先生がコメンテーターで来ていて……。

藤山　そうそう。あのとき松木先生が、変な格好をして原宿の街で踊っている若い人を見て、「この人たちは不幸なんだなー」って言ったのが非常に忘れられません！（笑）そういうふうに思うか！　って（笑）

細澤　そういうこと言ってたよね（笑）　もちろん、松木先生については、藤山先生のオフィスのオープニング記念事例検討会の前から、学会やら研究会やらで、遠くから見て知っていったのだけど。その当時の松木先生はまたコメントが厳しかったんだよね。しかも、どういう理屈かわからないんだけど、患者の最終的予後に対する御宣託を例の口調で下すから、この人はいったい何者なんだと思ったね。それで、関心を抱いて松木先生の著作を読んだのだけど、僕はあまり感銘を受けなかったな。この人は何かを隠していて、本当のことを書いていないとさえ思ったね。今も松木先生に対して密かに同じことを考えています。松木先生に対してそういうイメージを抱いていたときに、藤山先生の事例検討会に呼ばれ、はじめて松木先生と身近に接触する機会を得たわけです。

直接会って、話してみると、松木先生は「原宿で踊っている人は不幸だ」と言ったり、「六十歳ぐらいになったら引退して南の島に行くんだ」とか言うわけです。僕は、この人の臨床はそんなにいいとは思えないけど、この人の生き方はいいなと思ったんですよね。松木先生は、無用のものにこだわりがなく、自由に生きているように見えたんですね。こういうふうに自分の人生を送ることができたら幸せだなと思いました。だからまあ、松木先生は臨床の師ではないけれど、人生の師みたいな感じがするね。僕にとっての松木先生は、人間がいいなと思った人が、たまたま分析家だったみたいな感じかな。

藤山先生には精神分析の世界に引きずり込んでもらったと思うし、松木先生はその中でどう生きていくかみたいなところをいろいろ刺激してもらったなって思っているんです。僕からみて不思議なのは、藤山先生と松木先生がどういうふうに親しくなったのかっていうところなんです。およそパーソナリティに共通する部分はなさそうだし、生きている地域も遠く離れていて日常的に接触があるわけでもないだろうし、しかし、かなり親しげに見えるので、二人の関係について教えてください。

藤山　わからないんだよなぁ。……どうなんですかね？

松木　理屈じゃないですよね。なんか感覚的に、「ああ、この人の話は自分にはわかるなぁ」っていうね。

藤山　それは学問上の話？

松木　学問上というのかな、精神分析臨床的なところでのものの考え方というか感じ方というか。精神分析の人としての本物性に敬意を抱けるというか……。

細澤　それは学会発表を聴いたり、論文を読んでのことなのか、パーソナルな会話の中でのことなのかでまた違うようにも思うんですけど。

松木　いわゆるパーソナルな大人の付き合いというか、遊びをするとかいうことが私は元来好きじゃないんですよ。それが自分にとって今一つしっくりこないから。おそらくね、藤山先生はインディペンデントな立場じゃないですか。日本の精神分析の世界でね。私もその、学問的にはクライン・ビオン[30]なんだけど、私は群れになるのが嫌いな人間なんです。分析学会でもいつも一人でいると言われたことがあります。精神分析の世界というか組織っていうのは派閥化しやすいじゃないですか。そういうところで派閥化しない人間同士の親しさっていうものを、私は藤山先生との間に見いだしたんだと思うんですね。

藤山　そうですよね。僕が精神分析を本当に始めたころって、やっぱり精神分析の世界は福岡大学と慶応大学と東海大学を中心にまわっていたんですよ。……で、僕はどれでもない。

　僕は学会とかに行くのも苦手なんです。じっとしてつまらないものを聞いてるのが苦手なんです。落語でもね、つまんないとやめちゃってすぐ出ちゃったりすることあるんですよ。多動傾向があるからね、つまんないとすぐ飽きてしまう。学会でじいっ

30　メラニー・クライン（Melanie Klein, 1882-1960）　オーストリアの精神分析家。児童精神分析を専門とし、その支持者たちがクライン学派と呼ばれるグループを形成した。著書『児童の精神分析』（一九三二）『羨望と感謝』（一九五七）など。

と他の人の話を聞くのは、面白いやりとりがそこにあればいいけど、そうじゃないと退屈でしようがない。私は自分でしゃべったり出番があったりしないかぎり、学会には行きません。だから若い時分はまったく行かなかった。ものをしゃべれるようになったのは四十歳近くだから、それまでは学会に出なかった。とにかく僕が学会の世界でインディペンデントだったことはたしかですよ。

細澤　学会の中では、どういう感じで交流を?

藤山　松木先生が帰ってきたばっかりのころに、分析学会のプレコングレスかなんかで先生が助言者をやっているのを見たことがあったんです。そのときに、「この人は本物なんじゃないか」と思ったんですよ。きれいごとではないところでものをやっている人だ、と。つまり、修羅場をくぐってる人だっていう感じっていうのは、僕にとっては大事なことで。「思い通りに進みました」みたいなケースを発表するヤツは、なんか腹が立ってくる。「ウソだろ?」って言いたくなるんですね。患者と十分に交わって、思い通りに行くはずがない。松木先生にはその感じがないっていう感じはすごくあった。あれはまだ九〇年代のあたまでしたっけ?

松木　私がイギリスから帰ってきたのが八七年ですから、おそらく九二年、九三年ぐらいでしょうね。

藤山　当時ある人の発表が、小綺麗なこと言う発表でね。あまりにもフワフワした、そこで起こっていることにリアリティが欠如したような発表だったんで、コノヤローと思ってね。僕がコメントしたら松木先生も立ってね、コノヤローって言ってましたよ。もっともあのときは他にもいろんな人が、私たちの同世代の人が結束してなんか言った感じでしたけどね。

松木　覚えてる、覚えてる。

細澤　共通する感覚がお二人にあるっていうことなの？

藤山　あると思うよ。僕はさっき言ったようにすぐ遊びのほうに行っちゃって、芝居やったり自分で落語やってみたりするからあんまり似ているようにみえないけど、松木先生と似てるんですよ。不器用なところが。僕はどっちかっていうと、ウケを取ることでそこを何とかしようっていうタイプだったんだろうな。だけど、共通のなんかを感じますよね。すごく。

松木　いつだったか覚えてないんですが、精神分析協会で私があるケースに基づいた臨床論文を発表したとき、聴いていた偉い先生から「もうちょっと単純に考えて単純にやればいいんじゃないか」みたいなコメントが出たんです。私はもっと細やかなやりとり、相互交流の機微を提示して、そこをポイントにしたつもりだったんだけど。そこでできた雰囲気からか、別の年長の先生も同じようなコメントをして、終わったとき、全然通じなかったなーって、残念でものすごい腹が立っていたんです。そのときに藤山先生が、あとで「自分にはよくわかった」って言ってくれたんですよ。それがぐっと、私の心に入りましたね。

細澤　いい話ですね。

藤山　でもそのとき僕はフロアから発言するべきだったんでしょうね、きっと。

松木　どうでしょうか。でも、ありがたいですね。

精神分析を選ぶということ

細澤　精神分析を選ぶということは、自分が拠って立つ臨床理論を選択するということを超えて人生の選択という側面もありますが、お二人が精神分析を選択したということと自分のパーソナリティのあり方の関係について聞かせてください。

藤山　僕の場合は、自費で、一対一で何かをやりたいって感じは、結構初めのころからあったんですね。それはやっぱり、大きいのは佐藤紀子さんとの転移の問題なんじゃないかと思うんですけどね。

細澤　転移の問題ね。

藤山　私の母親っていうのはちょっと困った人と言えれば言えるんだけど、佐藤先生との治療ではそこのところを明確にしてくれてすごく助かった。結婚したばかりの時期でもあったからね。彼女は亡くなったけど、年々彼女への感謝の念は増してるなあ。彼女が自分の家で、玄関まで出てきてくれて、ドアを開けて迎え入れてくれて、最後に丁寧にお辞儀して僕を送り出してっていう、そういう手作りのというか、そういうプライベート・プラクティスをやってたわけで。そういう彼女のあり方っていうのは、どうも私の中にずーっとあるんだと思うんですよね。彼女のオフィスと僕のオフィスは雰囲気が似ているんですよ、あとで気づいたけど。板張りになってたり、部屋の中の家具の配置とかが似ているところがあるんです。気づかないところで、相当に同一化しているんだろうな、とても大きいんだなと最近になって思っているんですよね。

土居先生は基本的にはプライベート・プラクティスはあまりやってなかった。もちろん、訓練分析ではやったかもしれないけど、あんまりやってなかった。自宅にカウチあったけど、あんまり使ってなかったよね。だから、このプライベート・プラクティスへのこだわりは、土居先生由来のものではないと思う。もちろん、スーパービジョンではちゃんとお金を払ったけどね。最近まで、土居先生と会うとついお金を出しそうになる自分がいたんですが。

ちゃんとお金取ってやるっていうのはやっぱり、最初に精神分析はじめて週一回だけども四年間行ったっていうのが、結構大きかったなと思うんですね。あの独特の時間の感じっていうのはね。佐藤先生に「あなたは本当のところは何一つ私にしゃべってないんじゃない？」みたいなことを言われてドキッとしたことがあったりとかですね（笑）それはね、どうも何かをかぎ当てたっていう感じがあったんだよね（笑）

細澤　本当に話してなかったの？

藤山　うん、そりゃ、ちょっとはあったね（笑）

細澤　そういうこともあるよね。

藤山　ただ、土居先生に出会わなければ精神分析をやっていないということは間違いないですね。土居先生はね、スーパービジョンが終わったあと必ず、ちゃんとドアを開けて、僕を送り出してくれてました。むちゃくちゃ丁寧なところがあるんですよ、本当に。スーパービジョンのキャンセルの電話なんかが働いている病院の受付にかかってくると、「藤山先生の友人の土居ですが」ってかけてくるらしいんです。「お友達の土居さんから電話ですよ」って呼ばれて、土居なんて友達いたかな、と思って出ると、土居先生だったりする。一対一のパーソナルな付き合いだっていうことなんですよね。だから、「○○病院の土居」って言うのは変だ、ってことらしいんですよ。そういう人だったなぁー。パーソナルな感じにちゃんと人と対峙するという。佐藤先生も似たものはあったんですよね。つまり、組織とかそういうものを背景にせずに、きちっと一対一で付き合って、なにかをやっていく、みたいなことっていうのは、すごくいいなぁって思うんですね。僕はサラリーマンにならないのがテーマだった人間ですからね。

精神分析のもつその一対一性というのは僕にとってものすごく大きかった。精神分析的に患者を病院やクリニックで診てたり、力動的にものを考えて患者を診る、ということと「精神分析をやる」ということはそこが違うんだと思う。細澤さんの質問の「臨床理論を選ぶだけでない、人生の選択」として精神分析を選ぶということはそういうことだと思いますね。

そのことでもう一つ思い出すのは、土居先生に「学生時代に何やっていたか」って聞かれたときに「芝居やっていて、医者になってからもこうこうで……」とか、そんなことを話したら「それはいいことをやったな」って、言ってくれたんです。この言葉がね、すごく大きかったんですね。今まで僕が芝居をやっているの、他の医局の先輩や同僚には、「アホじゃないか」っていう視線でいつもみられていた。少なくとも僕はそう思ってたんです。でも土居先生は「それはいいことをやったな」って言うんですね。「精神科の臨床はドラマなんだよ」って言うんですよ。「ドラマという感覚っていうのは意味があるから、芝居をやっていてよかったんじゃないか」って言うんだよね。本人はおだてるつもりもなくて、ただ面白いと思っただけなんでしょうけど、それはとってもよかったですね。

細澤　藤山先生は劇団では何をやっていたの？　演出？

藤山　演出と劇作と運営。たしかに精神分析をやっていることにとって劇団をやっていたのも大きいかもしれないよね。

細澤　大きいでしょうね。

藤山　やっぱり、演出行為っていうのも、結局こっちの予測通りに人を持って行くことじゃなくて、役者がこっちの予測を超えていくっていうことがないとつまんないわけですよ。治療だってそうで、絶えずこちらの予測を超えて新しい展開がある、新しいものに出会っていくっていうことがないと、思いもかけないその人が見えるっていうことの連続がないとつまんないわけですよね。

僕はやっぱり文学少年みたいな人だったんですよ。小、中学生とね。わりと一人で本を読んでものを考えることが好き。だけど演劇をやるには劇団がないとだめで、劇団があったら、仕方なくいろんな人と付き合って行かなきゃいけない。芝居なんて、誰かと付き合ってなんとかしないと芝居にならないんですよ。とにかく、人をその気にさせてなんとか来させなくちゃ、稽古できないわけですよ。そういうものなんですよ。稽古に来させなきゃいけないし、あと金も払わせなきゃいけない。大変ですよ。劇団維持費を払わせなきゃいけない。金を払わないヤツも結構いるんだけどね（笑）

いっしょに劇団をやっていた人の中に、今精神科医をやっている人が二人いるんですよね。彼らに言わせると、僕が精神分析の論文で書いていることのほとんどはもう劇団のときに演出しながら言ってたことらしいんですよ。書いていることのほとんどは劇団の演出のときに言ってたことと変わってないと。「なーんにも変わってない。藤山さん、新しいこと考えてるかもしれないけど、あれ言ってたよ、前から」って言うんですよ。そんなはずはないと思うんですけどね（笑）

細澤　なるほどねぇ。

藤山　あとは、病棟での患者さんたちとの付き合いですよね。そこで起こったことの「本物さ」みたいなものっていうか……。若いころに病棟で変な人といっぱい付き合わなかったら、今精神分析をやっているかな？　って思いますよ。

最近はどっちかっていうといわゆる神経症のレベルにある人と分析をすることが多いんだけど、神経症的な人のおもしろみが最初は結構わかんないじゃないですか。あれはとてもひそやかなデリケートなものですからね。生き死にをかけているような若い人との激しい戦いとは違いますからね。実際ずっと退屈じゃないですか。でも、静かーなセッションをやっているときだって、そこにすごい激しいものがうごめいているんだっていう感覚というか、実感みたいなものを、病棟にいた時期になんとなく自分の中に作ってもらったと思うんですよね。そういう意味では帝京大学の病棟での経験ていうのはものすごく大きかったなーと思います。

のべつまくなしに首吊る人とかね。のべつまくなしに子どものくせに毎日毎日毎日タバコ食べている人とかね。いるわけですよ。毎日毎日、胃洗浄するんですよ。ずーっと面接で「死にたい」「死にたい」「死にたい」「死にたい」って言ってるんですよ、その子は。その子にね、「「死にたい」って言うけれども、生きたいから入院したんだし、生きたいからこの面接に来てるんだろ」って言ったら、「もう、先生とは口きかない！」とか言って、それから本当に二か月くらい口きかなかったんだけど、それでも良くなったからね、その子。そういう付き合いっていうのは、病棟が背後にあるかとできるわけで。その人は十歳から十七歳ぐらいまで面倒見ましたけど。そういう、人がギリギリのところで変わっていく姿……というかな。そういうものにやっぱり触れることができたと思うんですよ。それがものすごく大きいと思います。もちろんそのころ、私は毎日毎日「死にたい」と言ってたらしいんですけどね。医局で「死にたい」と言いながら、壁に頭ぶつけたぞ、ってこのあいだもそのころの同僚に言われました。

細澤　松木先生はどうですか？

松木　そうですねぇ。なぜ精神分析を選んだかということよりも、見聞した他のものが私にとっては選ぶに値しなかったというか、選ぶ気にならなかったというのが実際でしょうか。精神分析を見つけて、それに向かって歩き、途中に目に止まったものや誘ってきたものもいろいろあったけど、ひとつはそれらに魅かれなかったのですね。それらをやりたいという動機が自分の中にまったく芽生えなかった。もうひとつは、私は自分の能力というのを大変見限っていますから。「断念の術を覚えると生きやすくなる」とフロイトも言っているでしょう。今もそのときをはっきり覚えていますが、見限ったのは小学三年生のときでした。だから人生で目指すものを決めたとき、精神分析というひとつのものだけに自分を限定しました。

私は二、三歳ごろまでの記憶というのがほとんどないんですが、記憶にあるかぎりでは、幼いころを思うと、自分の中で感じるのは「不幸感」なんですね。言葉にするなら、不幸という感覚です。でも、もっと正確に言うなら「生きづらさ」「生きていることの苦しさ」でしょう。客観的には恵まれていたほうだと思います。周りはなんか、引き戸式の玄関の扉をひとりで開けたり閉めたりしてニコニコしていたっていうんですよ。それは覚えていて、昔のデパートのエレベーターを空想して開け閉めしていました（笑）

母親の実家っていうのは三、四代目にあたる内科の開業医だったので、それなりのいい家ですよね。母親の実家に幼稚園のときぐらいまでいたのかな。そして父親は当時はもう産婦人科の開業医になっていたのかな。比較的大家族みたいな状態の中で「不幸感」があったんですね。二、三歳までに、ガラスの器を抱えたまま倒れて顔に割れたガラスが刺さり十数針縫ったとか、百日咳から脳脊髄膜炎になって右目が斜視になったとか、身体的不幸はありました。でも、精神的に何があったっていうことはないんですけどね。大人になって考えれば、一つの家庭にはいろいろ難しいことがあるわけで、母親が未解決の「不幸感」を内心に抱えていたのはたしかです。大変気丈な人で表にはまったく出してなかったですけどね。母親が死んでしまう後まで私は知らなかったんですが、母親はずっと不眠だったらしいです。でも全然知らなかった。

松木邦裕

私はいわゆる「団塊の世代」と言われる人たちの最後の辺りになっちゃうのかな。だから、周りに私より二つ三つ上の子どもがたくさんいて、三つ上の兄に引っ張られて一緒に遊びに連れていかれていたんだけど、面白くなかった。あの年齢のころに二、三歳違うのはとても大きくて、兄たちはなんでも出来るけど、こっちは何にもできないでしょう。人見知りは強いし、何かやらせても不器用だし……一人遊びさせておくと、ひとりでニコニコしているし……。小学校に上がろうかというころ、この子は知的障害じゃないかと両親は心配したらしいんですよ。そのころの状態がなんだったかって、精神分析を学んでわかったんですが、幼児神経症の状態だったんですね。私の観察したかぎり、幼児神経症的なものがまったくない子どもはいないですね、それがそうとは両親や周りの人たちから認識されてないだけで。だから、その意味では普通のことかもしれないけれど、私にはある癖があって、その行為をやらないではおれなかったわけです。早い話が恐怖・強迫だったということです。やらないでおれなかったけど、同時にやりたくないのです。でもやらないではおれない。その葛藤がもう幼児期にあったんですよ。

周りから見たら、変な癖を持つ子どもだったんです。それを見つかっては叱られていました。小学校のころもずーっと続いていました。困ってたんです、私も。ところが、思春期に入っていったら、その神経症がスッと消えたんです。完璧に消えました。その代わりなんとも陰鬱な気分が出てきた（笑）

藤山　あははは、ありそうな話だなあ（笑）

松木　私には小さいころから周りの人間を観察する癖がありました。「なんでこの人はこんなことを言ったりしたりするのだろう、この人がこのようにあるのはどうしてなのだろう」と、同級生みたいな小さな子どもにしろ、あるいは大人にしろ、「なんでこの人はこうなのか」と疑問が湧いてきていました。それは、母親がなぜあのようであって、自分がなんでこうなのかっていう疑問を投影していたわけなんだけど。小学校の中学年ごろからシャーロック・ホームズを読み始めたのですが、あれは人間観察の方法を書いているとも言えるものなので、観察に磨きがかかったように思いますね。こうした疑問の答えを、中学ぐらいになったら積極的にわかろうとするじゃないですか。それで文学に限らず、いろいろ読むようになったんです。その中で、精神分析に出会ったんですね。

藤山　不幸だったといえば僕のうちもね、大変なものっていうか。父親が会社とか辞めているわけですからね。貧乏だったりしてね。しょっちゅう母親と父親がケンカして、妹がお腹にいたときに、うちの父親が母親を上手投げしたのを覚えてるんだよね（笑）

そういうことでおそらく僕は落語に走ったというか……（笑）ラジオ聴いてね、覚えて、次の日に保育園でやるわけですよ。で、ウケを取るっていう。このウケを取るということによってディプレッシヴなものを回避する……それがいまだに続いているのかなぁっていう感じはするんですよね。

細澤　たしかにね。いまだに続いてそうだよね。

藤山　そうですねー。芝居とかっていうのはそこからスタートしたんでしょうけど、松木先生はどちらかというと自分の内側を向いてやってこられたんでしょうけど。

細澤　そこを松木先生はその後どうやって乗り越えたんですか？　乗り越えずに今に至る？

松木　結局、私は年をとるほど生きるのが楽になってきましたね。これは精神分析のおかげだと私は思っています。

細澤　どういう意味で楽になってきたの？

松木　その「不幸感」というものが、私の日常を支配しなくなったんですね。今でも、何も問題が起こっていない平穏なときに、「不幸感」がこころに感じられているのを感知するときがあります。しかし圧倒されたり不安になることなく、それと付き合えます。かつてはその「不幸感」をこれがあるから苦しいと排除することを思っていたんだけど、それがあるのが自分なんですね。別人にはなれないし、なる必要もないことがわかってきたんですね。

それで、開業医の後を継がなきゃいけないっていうのが私の使命だったから、私が小学校のときには人生の設計図ができあがっていたんです。正確には小学校四年のときに内科の開業医だった母方祖父が死にまして、その葬儀である人が送辞を述べていたのですが、その中に息子、つまり母の弟が医師にならなかったことが語られました。そのとき母親が泣いていました。それを見て、これは絶対に自分が医師にならなくてはならないと、まったく選択の余地のない自らに果たされた使命であると思い込みました。つまり、勉強してどこでもいいから医学部に入ると決心しました。高校のときは、「入れなかったら死ぬしかない」と思っていました。「死にたい」とかいったものではないんです。死ぬということのほかの選択は残されないという思いです。冬のある夜、塾から帰る途中に池のそばを通ったとき、入試に失敗してここに飛び込んださぞ冷たいだろうなと実感を持って感じたことを今も覚えていますね。

客観的に見ると、何をそこまでと思われることです。またそれは開業医の多い一族ではよくある文化です。たくさんの犠牲者が生まれる、まったくしようもない考え方です。しかし当時はその文化の中だけで呼吸していましたから、外にも酸素があることがわからなかった。それしかない、と。なんでそれしかないと思ったかというと、発想の根本は、母親を満足させたかった、母親を喜ばせたかったんですね。それが生きていることのなかで非常に大事なことだったわけです。

藤山　子どものころの「不幸感」っていうのも、お母さんの「不幸感」と関係しているだろうとおっしゃっていたから、それを癒やすっていうことがずーっとテーマになってるんですね、先生の。

松木　そうでしたね。だから、若いとき私がなんで摂食障害の治療を一生懸命にしたかっていうとね、一つの見方をするなら、摂食障害の娘はけしからんヤツでね、身勝手で母親を困らせているんですよ。お母さんは泣いている。

藤山　あははは（笑）
松木　理不尽なことばっかり言ってね。「こんなけしからんヤツはなんとかせんといかん」と思ったわけですよ。
細澤　母親のために摂食障害の娘を治した？
松木　そうそう。そういう感覚は結構ありましたよ。四十歳前後ぐらいまで持っていたかな。でも四十歳前後になると、自分の母親もどういう人かわかってきたからね（笑）そんなことじゃないなっていうのがわかってくるようになったんですけどね。
　まあそれで、医学部に入ったわけです。私の入った年は東大の入試がなかった年でね。だから大学に入っても一年間完全ストライキで授業なんかひとつもやんなかった。そういう年だった。授業全然やってなかったから、次の年からはじまったけどもう行かない癖がついちゃっているから（笑）もう全然行かなくて、試験のときにはじめて教授を見るっていうのかな。試験場で横にいる友達に、「あの人だれ？」って言ったら「あの人がこの科目の授業をしている先生だよ」って。「へえ、そうなんだ」。そんな感じでしたね。医学部に入ったから、そこで人生の目標に到達してしまったので、十八歳で人生が終わったんですね、こころが一回臨終になった。
　でも、四年間で教養と基礎医学が終わって臨床科をまわるようになったら「ポリクリ」で学生として大学病院の患者さんを診るようになって転機が起こりました。自分の生き方はこのままでいいのかという思いがこころのどこかにあって、しばしば自分を追いつめていたけど動き出せませんでした。……私は今でもその姿を明瞭に覚えているんですが、ポリクリでの受け持ち患者として会った、そのとき白血病で入院中の七十歳すぎのおじいさんがいました。客観的にはもうあと二、三か月後に亡くなる人だったんです。でも、そのおじいさんがすでに話したであろう病歴や症状を、単なる学生の私に丁寧に一生懸命に話してくれるから、「ああ、こんな大変なときにも誠実な人いるのに、ちゃらんぽらんな自分は何なんだ」って思いましたね。わが身を恥じました。……やっぱり人が死ぬって大変なことです。

ここで私は生き返りました。そこからはがらりと気持ちを入れ替えて、診られる人がこの医者にかかってよかったと納得できる医者に断固ならなければならないと思って、一生懸命勉強するようになりましたね。受験勉強や教養のための勉強とはまったく異なる、実際に人のためになることの勉強です。それは生きた興味をかきたてるもので、その後現在まで人生の主柱です。

細澤　藤山先生も松木先生も不幸だったんですね。僕の場合は、お二人ほど不幸な人生を歩んでいる感じはしないね。病気の度合いもお二人には負けている感じがするね。

藤山　いやー、そんなことないと思うよ。十分勝負できると思うなあ。

細澤　いやー。自分の出発点について考えてみると、さっき松木先生の人の死っていう話があったけど、死をめぐるものが一番大きいかな。僕は、幼稚園のときくらいから、死の観念にとりつかれていたんだけど、当時「人が死ぬ」ということがどういう事態なのかっていうことをいくら考えてもよくわからなかった。いまだによくわからないんですけれども。自分が死んだ後も世界が存続するということ、そこにいかなる意味があるのかさっぱりわからない。

そういうことを思い悩んでいて、おそらく松木先生や藤山先生ほどではないにしろ、それなりに変な子どもだったんじゃないかな。死について考えると、どうしても子どもなりに虚無的な人生観を持ってしまうんですよね。それで小学校五年生のときに交通事故にあって、危うく死にかけたんです。頭蓋骨陥没だったので、それなりに重症で、手術も必要だということでした。手術は必要だったのですが、それは長期的な影響を考えてのものだったので、入院という事態にはなりましたが身体的にはぴんぴんしていました。

身体的には元気で、しかも子どもなので、入院中は暇で仕方がないわけです。それで、どうしてそう思ったのかは定かではないのですが、シェイクスピア全集を第一巻からすべて読むという作業に着手したわけです。それまであんまり文学少年だったわけではなかったのに、入院をきっかけとして立派な文学少年となりました。また、僕が入院したのは脳神経外科病棟だったのですが、入院患者は脳腫瘍の子どもと脳卒中の高齢者がほとんどでした。僕は三か月間ほど入院しました。本当はそんなに入院する必要はなかったのですが、僕の手術は緊急度が低いということで、どんどん後回しにされて、三か月間も入院する羽目になったのです。比較的長く入院したこともあり、僕が入院したとき先に入院していた患者さんは、子どもも含めて全員、僕が退院するときまでに亡くなりました。僕は入院中に、シェイクスピアとリアルな死から人生の大切なことを学んだという感じがしますね。それまでもちょっと変わった虚無的な子どもでしたが、そこで人生が決定してしまったという感じがあります。

僕は、心理臨床は人の生死を扱う仕事だと思っていて、そして、人のこころの真実は科学ではなく、芸術でしか扱えないという思いもあります。科学的な心理学の本を読むより、シェイクスピアを読んだほうがずっと心理臨床に役立つと思っています。僕のこういうところが、僕を精神分析に向かわせたのかなと思います。

精神分析の意味

細澤　藤山先生は今、日本精神分析学会の会長だし、松木先生はその前の会長です。お二人とも業界の内部においては権威となってますよね。お二人とも表面的には精神分析原理主義のように見えるし、実際にそう見なされてもいるよね。精神分析原理主義は、週四回以上のカウチによる自由連想こそが本物の精神分析であり、それ以外は偽物だという考えで、お二人は決してそういう狭量なことは言わないけれど、お二人の著作や公的な発言からそういう立場だと見なされているわけです。僕はまあ、お二人とインフォーマルな会話をする機会が一年に一回くらいあるから、お二人ともたしかに枠組みを大切にしてはいるけど、精神分析の実質ということでものを考えていると思っています。よい機会なので、お二人に精神分析の本質について語ってもらいましょう。精神分析原理主義は精神分析サークルやその中にいる若手臨床家を少々毒しているという現状があるので、お二人に解毒剤の役割を果してもらいましょうか。

松木先生、藤山先生にとって、精神分析とはいったい何なのか？　精神分析は治療なのか？　治療ではないのか？　精神分析は心理療法なのか？　あるいはもっと別なものなのか？　藤山先生にまずお話しいただけますか。

藤山　僕はまず、精神分析は何かっていうと、僕にとってこころの臨床をする上で一番本物っぽいっていうか、一番その人の全体性というものを相手にしている感覚があるものであるということなのかなぁと思いますね。

週四回とか五回というのも、フロイトは毎日やることから始めたわけで、できるだけ頻回に会うことがとても意味があると思う。カウチ設定であったほうが分析らしくなるっていうふうに僕も思うけど、それはもちろん、「精神分析らしさ」っていうものもそれで保証されるわけじゃなくて、それに貢献するかなり重要な要素だというように思うんですよ。

俳句なんかを作っても、私は俳句らしい俳句っていうのを作りたいんですよ。それは、俳句じゃないと到達できないような何かってあるんですよ。短歌や現代詩じゃいかないようなものが。ウィニコット[31]は、「分析家が分析だと思っている臨床実践が分

31　ドナルド・ウッズ・ウィニコ

析なんだ」っていうような意味のことを言ったと思うんですよね。だからピグルのケース[32]なんかも、精神分析じゃないと思ってないと思うんですよ。あれは完全にオンデマンド（患者の要請したときにセッションをもつ設定）だけど。あの本では週一回はよくない妥協だって書いてありますよね。オンデマンドか毎日かどっちかがいいんだみたいなことが書いてあると思うんですけど。でもとりあえずその「分析らしさ」っていうのはなかなか定義できないし、表現できないんだけど、一言でいえば「今ここで起こっている」おそらくほとんど情緒的な出来事っていうかな。それから、何か作り、仕事していって、患者の無意識と言われているもの、患者がまだ自分だと思ってない自分の部分というものにちゃんと触れていくような言葉を作りだそうと努力する人間がいるということというか。もちろんそれは失敗することも多いわけだし、誤解したりするけれども、そういうふうに思っている人間が側にいて、ある時間を過ごしているということがずーっと繰り返されていくっていうことが精神分析なんだと思います。精神分析はある種の出来事なんだと思うんですよね。

それが治療かっていわれると、それはフロイトが言ったように治療に使えると思うんですけど、治療そのものではないわけで。訓練分析で最初「何も悩んだこと、苦しいことないです」とか言っている人だって、あるところまでいくとあきらかに分析らしい雰囲気になってきますもん。それはだから、すごく人間にとって本質的な出来事なんだと思うんですよね。出来事というか営みでもいいけど。それが治療に使えるこ

ット（Donald Woods Winnicott, 1896–1971）イギリスの小児科医・精神科医・精神分析家。独立学派と呼ばれるグループの代表的理論家で、子どもの精神発達を平易な言葉で表現し、今日の児童精神医学の礎を築いた。著書『遊ぶことと現実』（一九七一）『抱えることと解釈』（一九八六）など。

32 『ピグル　分析医の治療ノート』星和書店、猪俣丈二・前田陽子訳。

とはそうだけど、治療とも限らないものかもしれない。それがたまたま精神科医やサイコロジストがやってるから臨床というものの中に入ってるし、まあ、臨床じゃないかといえば臨床なんだけどね。人と人とが向き合って、ある人の変化のために分析家が自分の心理的な資源を使っていくというようなことですからね。一番、そこの場所を分析らしくする責任があるのは、分析家なんですよ。その分析家がその場を分析らしくしていくっていうことに方向付けられている。サッカーにルールがないと面白くないように、分析もやっぱりそのルールの中でやったほうがわりと気楽に、わりと手軽に面白くなるとは思いますけど。しかし回数が少なかったから分析的ではないかというと、それはたとえば、ちゃんとしたピッチじゃなくて河原でやったらサッカー度が減るかもしれないけれど、サッカーの本質が保存されないかというと保存されるかもしれないわけだから。やっぱり、そこはなかなか相対的なものなんじゃないかとは思いますけどね。

精神分析はそういう意味ではこう、その人が自分というものを、患者といわれる人が、分析を受けている側が、自分というもののいろいろな側面に出会ったり、それを味わったり、それを投げ捨てたいけれど投げ捨てられなくてまた戻ってきちゃったりという、そういう運動をずっと体験しつづける。そしてそれが最初のバランスからある別のバランスに収まるところまでつづく……そういうものなんでしょうね。

細澤　藤山先生の精神分析観に基本的には同意できるけど、その場合、精神分析を受ける側はなんのために体験すると藤山先生は考えているの？

藤山　やっぱりそれは幸福になりたいからですし、おそらく無意識的には、分析を受けたい本能みたいなのがあるんですよね。人間には。

細澤　ここ数年間、藤山先生は「本能」と言いはじめているけど、その「本能」ってなんなの？（笑）

藤山　それは、自分の全体性と自分の部分性みたいなものを対話させて、それを自分の中で交流させて納得したいっていうような衝動があるんですよ、人間には。症状っていうのはそういうものをかたちに現わしているものなんですよ。

松木　人間って、より「まし」になりたいってずっとどこかで思っているんじゃないかなって思いますね。より「まし」になる方法っていっぱいあるんだけど、精神分析はそういう、より「まし」になるっていうことに確実にかつ深くかかわることができる方法と言えるんじゃないかなと思います。

細澤　「まし」になるっていうのは、一見わかりやすいけど、それが具体的に何を指しているかは曖昧だよね。もう少し説明してください。

藤山　「よりまっとうになる」とか、そういう言葉を使ってもいいのかもしれない。

松木　だから私は、「よりよい人間になる」とか「より幸せになる」という言葉を使わなくて「ましになる」って言うのは、そこに自分自身にとっての自分っていう感覚があるからだと思うんですよね。つまり、今自分はこういう自分なんだけど、こういう自分がもう少し「まし」な自分になったら、そのほうがいいよなって思うっていう。

細澤　僕自身精神分析を受けて思ったのは、たしかにさまざまな内的な変化があったのだけど、社会的に見て「まし」になったかっていったら、社会的にはますます不適応になっているんだよね（笑）

松木　もちろんそうですよ。社会的なことは全然関係ない。

細澤　社会的なものは関係ない……と。

藤山　あんまり関係ないと思うな。

松木　本質は、自分として自分が「まし」になっているっていう、それが自分自身にとっては一番大きなことであって。だって、社会ですごくうまく適応したりうまく成功したからといって、自分の中でそれが「まし」になった気はしないじゃないですか。

細澤　そりゃあそうですよね。

藤山　僕は、何か作り出すものっていうよりは、やっぱり発見するっていうか。自分というものが世界にぶつかっていく、そのぶつかり方の本筋みたいなものに近づくっていうことを人間は求めているんじゃないかと思うんですよ。つまり、自分をだますことの作業が減るっていうか。精神分析を受けたりその中にいるとそう感じますけどね。

松木　そうですよね。自分としてよりまっとうに生きるっていうのかな。社会的な意味じゃないですよ。自分として自分を納得しながら生きていく、自分自身で見ても、ごまかしたり目をそらしたり、隠したりしている自分がいるのはわかります、その自分をじっくりと見つめて矯めていく、精神分析はそこに役に立つと思いますけど。

細澤　僕はお二人とは精神分析観が微妙に違うのだけれども、この点に関しては似ているかもしれない。やはり自分の分析体験をどうしてもベースにしちゃうんだけど、やはり内的により自由になれたっていう感覚はあるよね。もちろん現実的には外界に最低限の適応をしないといけないから、他人に合わせながら生きている部分も相当にあるのだけど、そうであっても内的には自分として生きていける、みたいな感じはあるね。そういう感覚を保持できるというところに、精神分析の効用があったのかなと思うね。

藤山　だから、人を嫌いになるとか、人を嫌がるとか、そういうことがあってもいいんではないかと思えるようになりますね。どっかでそこを無理してごまかそうとしたのが減るっていうか。早い話が、嫌いになる相手が自分にとって重要人物だったりする……たとえそうでもそのことにたじろがなくなるというか、そういう感じがすごくあると思うな。細澤先生はそれを「自由」って言っているのかもしれないけど。

細澤　それはたしかに分析によって達成されたという面も多少あるかな。もちろん、分析以外の人生の体験も寄与しているのだけれど。ところで、お二人にとって、精神分析はお二人が考えている精神分析の効用をもっとも実現できる実践だったということになるのかな？

藤山　職業的にやる実践として一番リライアブルなもののひとつではないかと思いますけどね。つまりそういう変化っていうのは、さっき松木先生、白血病のおじいさんと会って何か大きな心的変化を受けた話をされたと僕は思うんだけど、そういうのは偶発的には人間の生活の中にいっぱいあるとは思うんだけど、その水準まで職業的にやるとしたら、そう簡単ではない。白血病になるわけにもいかないしね。何人もの人とそれができなきゃいけない。食っていけなきゃいけない。そういうことが、職業的にできる、安全にできることとして、精神分析に勝るものはなかなかないぞ、みたいに思います。他にはないのかと聞かれると「絶対ない」とは言えないけど、たとえば認知行動療法にはないだろうと思うんですよね。認知行動療法はすごく役に立つものだけども、精神分析のその面とは違うし、それはやっぱり僕の知っているかぎり精神分析の他にはないと思うんですよね。とってもユニークなことだと思いますよ。

細澤　生きていく上でそういう機会はあるかもしれない、しかしそれを職業というレベルの中でできるということに関しては、精神分析が唯一のものなんだろうっていうことですか?

藤山　そう、そのためにこころを使う専門家っていうものが他にあるかっていったら……。

松木　生きていきながら、何かその人としても「まずさ」「生きづらさ」を感じているところがあったり、実際まずいこと、生きづらいことが起きたりしているときに、生きていることに含まれる「まずさ」「生きづらさ」に本当にちゃんとかかわる方法は、私の知っているところでは精神分析しかないと思います。他の方法ではできない。さっきの話のように、精神分析においては、われわれはある意味、自分に対して正直になろうとするんだと思うんです。でもその他の方法によっては、自分の表面を繕うことに使える方法が提供されてしまうと思います。それは認知療法だってそうだと思うし、自律訓練法とか交流分析、行動療法、これらは心療内科で治療の三つの柱と称されていましたが、これらだってそうだと思うんです。

ひとつの表現を使いますと、精神分析の中でわかったことですが、人は人生のあるときに、偶然、環境的、あるいは身体・生理的必然、無知などから「まずさ」「生きづらさ」を体験しますが、そのときにその扱えなさに圧倒されて無意識に、ときには故意にその場をごまかしてしまいます。そうすると、そこからボタンの掛け違いのような事態が発生してきます。それがわかったところで矯めればいいんですが、不安・恐怖・依怙地・利得などがあって矯められず、掛け違いを続けてしまいます。そうすると、ある時点でもう自分の手に負えなくなってしまっている。このときの絶望に正直になれるのか、繕ってやりすごそうとするのか、そこに選択があると思います。

生きていくということでは、宗教もあるじゃないかという考えもあるんですが、宗教は答えを持っているんです、宗教が、そして宗教者が。答えを持っていて、この答えを信じなさい、この答えを受け入れなさいって働きかけるのです。ですからそれはその人自身の生き方をその人が見つけることにはならない。でも精神分析は、そういうものを相手に何も提供しないし要求しない。そうすると本人が、自分はこういう人間だからこういうふうに生きることなんだなっていう、自分で見つける作業をすることになります。自分というものの生き方を自分で見つけたり、作っていったりする。それを手伝える方法っていうのは精神分析しか私は知らないですね。精神分析よりももっと効率よく簡便にやれる方法を誰かが発見するかもしれないけど、今他にましなものがあるかって言ったら、少なくとも今はないと思います。

藤山　そういうために、そういうことができるために、こころを特殊なやり方で使う専門家っていうか、そういうことなんだと思うんですよね。だから、認知行動療法だとか普通の精神科医っていうのはこころは使わなくても頭さえ使えばだいたいできるわけでしょ。でも分析はやっぱりこころを使わなければ。こころっていうのは結局、主観的なこころでもいいし、情緒的なこころでもいいし、無意識を含んだトータルな自分、パーソナルな自分っていうかな。そういうものを使わなければ、精神分析はできない。だから本当をいうと、自分のコントロールできない部分も使わなきゃいけないっていう、そういうパラドックスがある。にもかかわらず精神分析はそのパラドックスを含み込んだかたちで成功しているということを主張している。整合的なんですよね、他の心理療法は。精神医学だって臨床心理学だって、こころをちょっとでも使わないと本当はできないはずなんだけれど。こころを、情緒とか気持ちとかいう、感覚器官的にはとらえられないもの、自分が制御できないものを、こころを使ってキャッチしているわけですから。

普通の臨床家は、そこのところをもう完全に忘れているかのようにふるまっている。こころを使わなければ、自分のパーソナルな情緒を使わないとどんな臨床も本当はできないのに。あたかも客観的にものがみられるかのようにやっている。そこのところを忘れないで自覚的にかつ組織的にやっているのは精神分析だけなんですよ。そういう意味では、精神分析というものはやっぱり本筋を行っていると思うし、この世の中の文化にとって必要なのではないかなと僕は思ってるんですよね。

細澤　松木先生や藤山先生のお話はなるほどと思うし、肯定できるところもあるけれども、精神分析業界全体が共有している見解と考えてもいいの？

藤山　どうなんでしょうね。

松木　別に業界を考える必要はない。

細澤　僕は厳密に言えば精神分析業界の部外者だから言うけど、精神分析がお二人の言うような意味で社会にとって必要というのなら、その精神分析を実践している他の分析臨床家を含む業界のことも考える必要があるでしょう。私がしている精神分析がそうであって、他の精神分析臨床家の精神分析のことは知りませんというのであれば、それは精神分析が社会にとって必要なのではなく、藤山流精神分析や松木流精神分析が社会にとって必要なだけだという話になりますよ。その場合、藤山先生や松木先生の実践を精神分析と呼ぶ必要もなくなってきますよ。

藤山　でもね、精神分析が何かっていうことについては一人一人違うし、精神分析協会の人たちだって全員同じじゃないと思いますし。

細澤　それはそうなんだけど、お二人は精神分析が社会に必要だって言っているし、自分の実践を精神分析と呼んでいるわけですよ。しかも、制度の中で精神分析家を名乗っているわけです。

松木　いや、細澤先生が言われることはそうかもしれないし、社会的にはそうかもしれないし、立派なことなんだけど。やっぱり精神分析っていうのは、私はパーソナルなものだと思うから、組織やシステムを作りたい人は、世の中にそういう人が意外と多いっていうのは個人的には驚きなんだけど、それって本質が他者操作でPs[33]（Paranoid-Schizoid）だと思うから。それはともかく、組織やシステムは作りたい人が作ればいいんであって、私は一人で精神分析をやるっていうことで、それで十分なんだけど……。

細澤　まあ、気持ちはわかるけど、何かそのへんが普段はすっきりした発言が多いお二人がどうも言葉を濁すところがあるような気がするな（笑）業界の内部にいるといろいろ難しいのでしょうね。二人とも自分が精神分析家であるということにこだわりがあるわけだし、精神分析家という称号は組織やシステムの内部でのみ意味があるわけですよ。一人でやれれば十分というならば、精神分析協会に所属している必要はないでしょ。まあ、これ以上の突っ込みはやめておきましょう。ところで、藤山先生

33　クラインが提示したポジション（position）のひとつで、より原初的なそれであるが、ここでは心的態度としてのPsである。Ps⇅Dという揺れがある。すなわち、妄想・分裂的構え、被害・他罰的心性、断片化・拡散という内容を含意している。ちなみにD、すなわちDepressiveは抑うつ的構え、現実受容的・他者肯定的（自責的）心性、統合・連結を含意する。

はさっき本能とか、やっぱり社会にとって必要なものって言ってるけど、松木先生はどう考えているの？　ある人に精神分析を提供することにどんな意味があるんですか？

松木　その人がその人の人生を生きていて、でも何かがもう少しどうにかならないのかなと思ってるわけだから……。

細澤　それは、人はみんなそう思ってるということ？

松木　そう。みんなそう思っている。だいたいね。そこでヤケクソになるタイプもいれば、何とかしようというタイプもいるわけで。なんとなくやり過ごそうというタイプもいれば、何とかしようと思っている人が精神分析に来るんだと思うんです。だからそこに、自分自身の生き方もふまえてかかわるっていう精神分析の意義があることなんじゃないですか。

細澤　それはわかりますけど、非常にパーソナルなものであるということと、社会にとって必要であるということ、この二つの間のどこに架け橋があるのかが正直よくわからない。

藤山　つまり細澤先生が言っているのは、何か公共的なニュアンスが必要だってこと？

細澤　いや、そういうことではないんですよ。僕は、精神分析がユニークな意義を有している臨床実践だとは思っていますが、それが社会にとって必要であるとはまったく思っていません。社会にとって必要だと言いながら、それはパーソナルなものであり、精神分析業界は関係ないと言えるのがなぜなのか僕にはわからない。僕は、精神分析は社会にとってまったく不要なものでありながら、それは意義深いものであるということでいいのではないかと思うわけです。僕にとって精神分析は芸術と似ているんですよね。精神分析も芸術も、社会にとって不要なものだし、直接的に役に立つものではないけど、人間の真実と出会えるものであり、それを特別に必要としている人も少数ながら存在するというものだと思っています。

松木　精神分析っていうのは三人いたらできないよね。一対一じゃないとね。だからやっぱり、基本的にパーソナルな世界だということだと思うんですね。社会の基本はパーソナルな関係から成立しているでしょう。その基本の基礎にかかわっている。だからひいては社会に置き場があってよいということ。社会に必要とか社会をよくするとか声高に言うと、それでメッキ臭くなる。それでいいんじゃない？

細澤　それはわかるんですけど、それを誰もが求めているなんて言うあたりがどうなのかと思うのだけど。

藤山　それがわかんない。誰もが潜在的には求めてる。私はスペキュレーションとして、おそらくこれは結構本質的なものじゃないかとは思ってる。でも誰もが意識的に求めてるっていうことは何の確証もないな。

松木　いや、誰もが求めているってことではないですよ。

細澤　誰もが「まし」になりたいと思っているっていうこと？

松木　それは思っている。それは思っているけど、その方法っていうのは世の中にいっぱいあるわけだから。

細澤　いやでも、それが実現できるのは精神分析しかないんじゃないかって話になってましたよ。

藤山　宗教や芸術といったものでそういうことが実現できるとは思いますよ。可能性があると思います。でも臨床サービスとしてその水準でのことができるのは精神分析しかないのではないかなあと思ってはいます。

細澤　臨床実践として精神分析がお二人の言うものを実現できる力を持っているということに関しては僕も同意します。

「精神分析家になる」とはどういうことか

細澤　藤山先生にしろ松木先生にしろ、精神分析を形式じゃなくて実質で考えているわけですよね。自分のこころを使うって藤山先生が言っているのはその通りだと思うんだけど、形式でなければ、何をもって自分の実践が精神分析であるとすることができるのでしょうか？　自分のこころを用いる分析家、あるいは分析臨床家が、臨床の現場で自分の実践に対して責任を持つわけですよね。精神分析家の責任は精神分析を実践することそれ自体にあるよね。では、その場で責任を果たせる精神分析臨床家になるためにはどうすればいいのか？　どうしたら精神分析家になれるのでしょうか？

藤山　どうなったらとか、こうしたらとか、そういうことじゃないように思いますね。僕だって「精神分析家になった」という現在完了形じゃなくて、絶えずなりつつあったり、そこから滑り落ちたりしているにすぎないと思うんですね。だけど総体としてみれば、若いときよりは「まし」にはなっている。「分析家である」ということを分析らしい世界をそこに具現できるキャパシティを持っているということだと定義すると、少しは分析家になっていられる時間や状況が増えていると思う。でもやっぱりそれぞれの患者のセッション中には、ほぼダメになったりとか、ちょっと「まし」になったりしていることを繰り返しているわけじゃないですか。それをさらにもっとマクロに見たら、ちょっと向上してるかもしれないとも思うんですよ。だから、どこまでいったら分析家だとかっていうふうになっていると考えることは間違いだと私は思います。だけどやっぱり、分析を受けるっていうのは、必要条件ではないかと思うんですよ。

細澤　自分自身、精神分析を受けるということが一番重要ということですか？

藤山　そう思うなぁ、僕は。分析受けなかったら、何を相手にしてあげているかが全然イメージできないし、暗中模索だもん。なんだかんだと言っても、分析を受けることはやっぱり必要なんじゃない？

つまり、分析で起こるような心的な体験を、さっきの松木先生の白血病のおじいさんとの出会いみたいに、ほとんど同じようなことを受けることはあるかもしれないけど、こちら側が白血病にかかっておじいさんになるわけにいかないですから。だからどうしても自分が相手にそれを与えなきゃいけないとしたら、自分が体験したことのある方法じゃないと使いづらいと思うし。そりゃあ外科医がさ、盲腸炎の手術をするためには盲腸炎の手術を受けなきゃいけないなんていうのは全然違うわけですよ、それは。盲腸炎の手術はこころを使わなくても、あんなものは最終的にはロボットででききるはずのものだから。だけど、精神分析は絶対、ロボットではできないところにあるわけだから。こころを使うものなんで、やっぱり自分の体験的な実質ってものがないと責任を持ってやれるようにならないと思うから、やっぱり治療を受けるってことは最低限必要なことだと思いますね。

細澤　体験的な実質を持つために精神分析を受ける必要があるということだよね？　体験そのものが大切であるということは僕もまったく同意するのだけれど、たとえば自分のこころを用いる臨床家は自己理解を深めるために精神分析を受ける必要があるというありがちな言説に関してはどう思うの？

藤山　自分を知るということに向けて何かをやって、あるところまでしか知れなかったという体験だっていいと思うんですよね。

細澤　自己理解を深めるために精神分析を受けるのではないということね。

藤山　自己理解という言葉の意味によりますよね。単純に自己理解を深める、というような直線的なものではないでしょう。だって知れない部分があるとか、ここから先はどうも知れなかったとかいうようなことを思っている人は多いと思うんですけど、そういう体験さえ持ってないよりは、持っているほうがはるかにいいと思うんですよね、分析を受けることで無意識が意識化するなんていうけど、無意識はいつまでたっても無意識として残るわけだから。減るわけではないですから、無意識が。そういう足し算引き算みたいなものじゃないと思うんですけどね。でも体験っていうものはやっぱり大事だと思いますね。いわゆる精神分析で一番大事な、ここで起こっていることをちゃんと味わってかたちにして言葉にするときに、やっぱりそういうことはものすごい必要なことじゃないかと思います。

松木　そのお話の付け足しになるのかもしれないですけどね。人生を生きているっていう人に対して、指導でもなければ教育でもなく、生きているということにかかわるかたちで、その人になんらかのものをもたらすことがどんなものかっていうことは、藤山先生が言われるように、自分が分析を経験してはじめてわかるというものかもしれない。自分が分析的にアプローチしているだけでは、自分のやっていることが指導でもなければ教育でもない、いわゆる「分析」という言葉で言われている「かかわり」なんだっていうことが本当につかめるかどうかわからないような気がします。

細澤　僕も自分の分析体験から、体験することの重要性ということに関しては異論がないのだけれど、藤山先生は「精神分析を体験しないといけない」と考えているの？

藤山　「いけない」っていうか、分析的なセラピストとしてやっていくにはやっぱり、それを選ぶということと分析を受けることは同値じゃないかと思いますね。

細澤　そこはセットだということね。

藤山　セットだと思うなぁ。だから分析家が一番よい臨床家だということでもないだろうし、分析なんか受けなくっても最初からすごいセンスのある人はいるわけですよ。そういう人は患者を治すかもしれないし。でも、そういう人が分析的なセラピストかっていったら、違うと思います。

松木　分析空間に適うこころの状態ってあるじゃないですか。「適う」という言葉はちょっと不正確な気がするんだけれど。その分析空間に適う、分析を分かつこころの状態というのを、専門職業的な場面で生成してちゃんと保てるのが分析家だと思うんですね。ということはその「分析に適うこころの状態」というのを知ってないといけない。それが、分析を自分が受ける体験において、知ることができるものではないかと思うんです。治療者として働いていて、自分のこころの状態の動きをつかんで、「ああ、これが分析に適うこころの状態だな」と感じることができるかもしれない。だけど、分析を受けていて、自分自身のこころのありようをいろいろ体験している中で、たとえば自分なりに何かを実感を持って感知することにつながっていくこころの状態が体験されると思うんですが、そういうものを知ってはじめて、「ああ、分析はこういうこころとこころでやって、何かがそこに現れるんだな」とよりたしかにつかめるんじゃないでしょうか。だから、そのこころの状態にたどり着いてなかったら、どれだけ資格を持っていようと、あるいは「私は一週間に一〇〇セッションやっています」と言おうと、それは本当のものにはなっていない可能性があるんじゃないかと思いますね。

細澤　松木先生の言うことに基本的に同意するのだけれど、精神分析を受ければ精神分析臨床家になれると考えるとしたら、それは違うと思うわけです。藤山先生の言う通り、それは必要条件であって、十分条件ではないよね。まあ、僕はそれが必要条件ということに関しても、異論があるのだけれど。僕は必要と思わないけど、受けることが可能ならば、受けたほうがよい貴重な体験だとは思っているね。

藤山　私は必要条件だと明言してませんよ。必要条件を満たす一番シュアな方法だと言ってるわけで。

細澤　話を戻すと、精神分析を受けたからと言って、制度としての精神分析家にはなれるかもしれないけど、精神分析を実質的に実践できるわけではないという現実も認識しておくことが必要でしょう。

松木　それは、その分析家というか、そういう経験が実感としてわかっていない人がセラピストだったら、その分析家から受けたって、受ける人はわからない。

細澤　もちろんそうですよね。ただ精神分析を受ければよいということでもない、誰に受けるかということも重要だということですね。

松木　でもそれは案外、世の中にありうることなんですよ。

師弟関係をめぐって

細澤　精神分析の訓練に付随するものとして師弟関係という事柄があるのですが、師弟関係についてのお二人のお考えを聞かせてください。

松木　精神分析は、思考の自由、ひとの在り方の自由をクライアント自身がどう発見するかということにかかわっていると思うんです。そこにかかわっている人間が、師弟関係といういかにも人間関係を縛るもので「お互いがそこに本質的に帰属するのだ」との感覚があるというのは精神分析の本質と明らかに矛盾するわけだから、それは避けるべきだというのが私の考えです。

細澤　松木先生は基本的には「弟子」ではなく、「同僚」という感覚なんでしょうね。

松木　そう、同僚。若い同僚。それで私はむこうからすれば年とった同僚です（笑）基本的には対等な、自由な関係ですね。もちろんかつて指導を受けたり、分析を受けたりしていますが、それが終われば同僚になるというのが私の考え方です。精神分析においては、指導を受けたからその後の関係が継続的に拘束される、という師弟関係に私は同意できないんですよ。

藤山　「師弟関係」っていう言葉は僕も精神分析には馴染まないと思います。「この人を僕の師と考える」という転移は当然あっていいと思うんだけど、それは転移ですよね、単に。たとえば僕には狩野先生と土居先生の二人のスーパーバイザーがいるけど、二人への思いは全然違うからね。転移が違うから。だからといってこの二人から縛られているという感覚は僕にはないですよ。土居先生に関していうと「「甘え」という言葉を自分の論文には絶対書かないぞ」という転移がありました（笑）

松木　それは縛られてますね（笑）

藤山　あるときから自由になりましたけどね（笑）　それは転移だからしょうがないんだと思うんですけど。やっぱり、訓練には「去勢」というものが必要だと思うんですよ。自分のことがわかっているつもりでもわかっていなかったとか、患者のことは自分よりもスーパーバイザーのほうがわかっていたんじゃないかとか、なぜスーパーバイザーは自分の親のことを自分よりわかるんだろうかとか。そういう自分が知っていると思ったことが大きく覆るという体験がないと、訓練になっていかないと思うんです。そういう「去勢」されるという意味で転移があるのはあたりまえなんだけど、その相手を気にして言いたいことがその後言えないとか、論文書くたびにいちいち持っていくとか、そういうのはおかしいと思うんですけどね。僕はいつも「スーパーバイザーはお金を払って雇っているんだ」って言うんです。「弟子入りするんじゃないんだ」って言うんだけど、なんか変にうやうやしく扱うような人もね（笑）

細澤　たしかに、うやうやしく扱う人はいるよね（笑）

藤山「他の人のスーパービジョンを受けちゃいけない」って言う人もいるらしいんですよね。

細澤　いるいる。そういう人はたくさんいますよ（笑）

藤山　他の人と同時に受けるとすごい勉強になるのに。「この人とはここまでしかわからなかった」とかそういうふうに思えることはすごく大事ですし。

松木　うん。むしろ同時に受けるはうが望ましいですよね。今藤山先生がすごくいい例を言われたんだけど、「師弟関係」というとなんか「今オレのスーパービジョンを受けているんだから他の人のスーパービジョンは受けるなよ」みたいなニュアンスがありますね。

細澤　そういうニュアンスはたしかにあると思うね。僕自身も、先ほど藤山先生が言ったように、自分の指導者を師匠と思うことは転移だと思いますよ。ただ、師弟関係という考え方それ自体が精神分析的ではないとするのではなく、そのような転移を体験することも重要だと思う。その転移を生き、うまいことといったら解消するプロセスが師弟関係の本質だと思うので、むしろ、師弟関係はすぐれて精神分析的だと思うけどな。ただ、それが縛る－縛られるという関係になるとまずいとは思いますよ。

藤山　落語の話をするとね、落語って師匠に噺を教えてもらうんじゃないんですよ。いろんな人のところに行って教えてもらうの。そういう意味では、彼らにはいっぱいスーパーバイザーがいる。その中で師匠は誰だっていうことになると、みんな「談志」って言うんだよね、談志の弟子は。それは結局、談志の生き方とか、ありように惚れてるわけ。師匠っていうのは惚れるものなんじゃないかと思うんですよ。それって転移ですよね。だからみんな影響受けちゃうんだけど、師匠と同じようにしゃべらなきゃいけないものでもないし。それを師匠の側が要求したり支配したりというのはどうかと思いますよね。

土居先生はけっしてプライベート・プラクティスに重きをおいていたわけではないけれど、僕はその方向にどんどん行ってしまって。でも土居先生は止めなかったし、オフィスができたら一度来て「いいところだなぁ」って言ってくれたりするし（笑）僕が何をやっているかは認識しておいて、自由にさせてくれる。ものすごく受動的というか。土居先生もやっぱり僕に対して「同僚だ」っていう意識があったみたいですね。電話でも「友人の土居です」って名乗ったり。要するにプライベートな関係なんですね。それがいいんです。

松木　私の場合でいうと前田先生ですね。前田先生はけっして支配するような人ではなくて、私のあり方はある意味前田先生をモデルにしているところがあります。私は先生の分析を受けたけれど、前田先生はその関係からの気分や空気を絶対表に出さない。

細澤　僕もお二人の話に同感なんですけど、お二人の話からすると、師弟関係それ自体が精神分析的ではないということではなくて、師弟関係の中に「よい師弟関係」と「悪い師弟関係」があるということなんじゃないかな。

藤山　その「師弟関係」っていう名前がいらないと思うんだよね。

細澤　僕は藤山先生や松木先生を一応、師匠だと思ってるんですけどね。ただ、先ほどの藤山先生の落語の話と違って、お二人に全然惚れてないけどね（笑）

藤山　あははは（笑）

細澤　ただ、お二人に恩義を受けたという気持ちはあるんですよ。たとえば、藤山先生にはたしかにお金を払ってスーパービジョンを受けたので、その点に関してはそれほど恩義を感じていませんが、僕に、出会いと、それに伴う体験を提供してくれたということ、そして、精神分析の道に導いてくれたという恩義を感じているんだよね。

藤山　しかし「師弟関係」っていう言葉は危険だよね。若い人と話していると、精神分析の世界には「スーパーバイザーの言うことはきかなきゃいけない」みたいな、きちんとしたタテ社会があると思っている人いない？

松木　いますね。それはきっと日本の文化にそういうものが根強くあるからでしょう。だからこそ、個人はそこに気づき、そこから自由になることも学ぶ必要がいまだあるんでしょう。

細澤　たとえば藤山先生の好きな落語の世界でも、師弟関係があることで個人が発展していくわけでしょ。精神分析における師弟関係もそういうものだと思うんだけどね。

藤山　去勢されるということだよね。去勢と同一化の両方だよね。

細澤　そうかねえ。僕は去勢されない人間だし、同一化する人間でもないから、あんまり同意できないね。

藤山「理不尽だと思うことに価値があったんだ」という体験は、何か新しいものを学ぶ原動力になると思うんですよ、僕はね。

細澤　そうかなあ。

藤山　精神分析を受けることだって、ある種の理不尽に触れることなんですよね。自分の馴染んだ世界に対して、壊滅的な認識論的転換をもたらされちゃうからね。それは意味があるんじゃないかと思うんですよね。

細澤　僕の考えとは相当異なるね。しかし、ここで少し視点を変えて、お二人に指導を受けた臨床家が、お二人のことを師匠と思うことについてはどう思いますか？

藤山　それは転移だから仕方がないんじゃない？

松木　それはその人の思想ですから、判断はその人の自由ですね。ただ、私たちがこころがけるべきだと思うのは、それを利用して排他的にグループ化しないこと。徒党にしないことです。そうしたグループはたやすくビオンの言う、Ps心性で反応するベーシック・アサンプション・グループになってしまいがちですから。

細澤　ああ、なるほど。それはよくわかるね。しかし、そのグループが臨床家を縛るものではない、開かれたものであっても、グループ化しないほうがいいということ？

松木　実際に私は京都で研究会を主宰して、ともに学んでいる けど、参加している人たちがどんな考えや技法を目指すことを選択しようと、研究会の時間以外で何をしようが干渉はしません。ひとつの研究会の仲間・同僚というグループ意識はあっても、リーダーとして率いている人次第で自由さが保証されると思います。精神分析という枠の中に私たちがいればいいんです。

細澤　結局、師弟関係にしてもグループ化にしても、個人の自由度が減弱してしまうことが問題だということだよね。それはその通りだと思う。

藤山　そうそう。僕のところに来ている人でも、僕と考えの違う他の人のところに行っている人もいるけど、それでいいと思いますよ。何かが生み出されるかもしれないし。でも、精神分析にはそういう師弟関係とか被支配的なものが必然的に伴うと思われちゃうといやだよね。僕は「師弟関係」という言葉は使わないことにしているんだけどね。土居先生を「師」だって書いたことあるかな……。僕にとってはすごく大事な人ですけどね。

細澤　僕は、誰かを師匠と思うということと、その個人が自由であることは矛盾しないと思うけどね。

松木　私は自分の師が誰かと考えると前田先生になるんですけど、その感覚が何かというと、「前田先生は好きだな」っていうそれです（笑）　転移が解消されていないということだろうけど、私は転移は解消するものじゃないって考えだから（笑）

細澤　珍しく松木先生と意見が一致したな。僕自身、スーパービジョンは何人かのスーパーバイザーに受けたのだけど、師だと思っていない人のほうが多いよ（笑）

第Ⅱ部　精神分析のかたち

「精神分析」と「精神分析的精神療法（心理療法）」

細澤　お二人とも立場上精神分析原理主義的なところがあるわけですが、ひとつ確認しておきたいことがあります。形式的には、「精神分析」と「精神分析的精神療法」あるいは「精神分析的心理療法」が区別されていますが、実質的にその区別に意味があるのか、という点についてお二人の意見を聞きたいね。

藤山　それは便宜上のことでね。僕は精神分析的な実質を保持しながらも、オフィシャルな枠組みじゃないものを呼ぶときに、「精神分析的精神療法」と呼ぶと思っています。分析的な感覚、松木先生の言葉で言えば「分析に適うこころの状態」を持っている人が、週四回以下とか週五回以下とかでやったりするようなもののことだと思ってます。そういう状態には私はそのセラピストの分析体験が必須だと思っていますけど。分析「的」っていう以上はやっぱり、分析的な実質っていうものがあるとその人が思っており、なんとなくそれが伝わってくるようなものじゃないといかんのじゃないかと思ったりしているわけですね。だからその区別は便宜上だと思うんですよね。

細澤　藤山先生は、実質は共通すると考えているということ？

藤山　そうであるものを精神分析的精神療法とか心理療法と呼ぶべきじゃないかなと思うんですよね。だけど、得てして使うときに「精神分析的精神療法」っていうと、精神医学とか臨床心理学で、精神分析の考えを使ったセラピーっていう意味で使われていることが多くて、そういう意味で使う人もいるから、どういう意味で使われているかが違うから注意しなきゃいけない言葉と思っているんですよね。そこはとても難しい。今の日本の現状では、とりわけいろんな意味で使ってるなぁと思うわけで。

松木　私が思うには、「精神分析」と「精神分析的精神療法」「精神分析的心理療法」は何が違うかと言うと、構造を含めた方法が違うっていうことですね。藤山先生が言っていることと一緒かもしれないけど、どっちにも共通する肝心なことは、そこでのセラピストがアナリティック・マインドを持っているかどうか。そして、そこでのそのアナライザンド、クライアントにアナリティック・マインドが生まれてくる、あるいはアナリティック・マインドを使えるようになるかどうか、そこにかかっているんだと思うんです。だから、いわゆる精神分析の構造でも、両者がうまくそれができないと、それは精神分析にならない。週に一回の精神分析的な心理療法でも、両者がそれをうまく使えるならそれは分析になる、ということだと思う。

細澤　僕もまあお二人と同じ考えで、精神分析と精神分析的心理療法に実質的な違いはないと考えています。精神分析の実質を保持しつつ、医学とか心理臨床への応用もありうるだろうと思います。ただ、もしそうなら、精神分析と精神分析的心理療法の区別は必要ないような気もしますね。実際には、あるシステムの中で、週四回以上が精神分析、週三回以下が精神分析的心理療法と呼ばれているわけで、その制度の中でお二人とも精神分析家を名乗っているので、何かこうお二人ともいつもと違って歯切れが悪いように思うね。

　話を戻すけど、精神分析臨床家がトレーニングとして、あるいは精神分析家になること自体と表裏一体のものとして、精神分析を受けるっていうときは、週四回以上の精神分析であることが望ましいのかどうかについて、どうお考えですか?

藤山　回数とか設定っていうことを言うと、やっぱり回数が多ければ多いほど分析らしいものになる、なりやすいということはもう、否定できないと思うんですよ。だから同じクライアントと同じ僕がやっても、週一回でやっている人と週四回でやっている人では、そこの雰囲気がきっとまったく違うと思うんですよ。どちらが分析らしい時間になるかっていうと、それは回数が多いほうなんですよ。そりゃ、できれば回数が多いほうを受けたほうがいいんじゃないかと思うわけですよね。

　じゃあ、週一回じゃ意味がないかっていうと、僕は意味がないとは思っていないです。だけど、僕は最近でも週に一回と週二回じゃだいぶ違うんじゃないかと考えるんだけど、続けた日があったほうがいいなってすごく思うようになってきているので。

だからそういう意味で、もう週一回の人を取ってないんだけど。週一回だったら全然ダメだと思っているわけじゃない。「分析らしさ」っていうものが保証されるということはありえないんだけども、実現しやすい確率っていうかプロバビリティがやっぱり設定によってだいぶ違うだろうっていう感じがありますね。うん。

細澤　できれば頻度が高いほうが、いろんな意味でいいんじゃないかと？

藤山　そうね。

松木　そうですよね。

細澤　だからといって、週一回では無意味だということでもないということ？　実質を伴う場合もある？

藤山　実質を伴うことも十分、ありえますよ。

細澤　ということは、頻度が高ければ高いほど、精神分析の実質が体験されやすくなるということ？

藤山　健康度が高い人っていうのは週一回だと、なかなかボロを出さないっていうか（笑）本当の意味でこころが揺さぶられないことが多いから難しいんですよね。だから、いわゆる健康度の高い人ほど回数が多いほうがいいのかなぁと思う。ボーダーライン・パーソナリティ障害なんかの人はもう、最初から揺れまくっているからね。週一回でもそれなりのことになるんだけど。健康度が高いっていうか普通にやれている人ほどやっぱり回数がかなり肝心なものになってくるかな、という感じは僕は持っているんですけどね。

松木　それは言い換えれば、その人が生きていることの本質に出会うことが、週に一回で起こりうるかもしれないけど、より頻回に会っているほうがその人の生きていることの本質に出会うっていうことが多くなり、対応がしやすくなります。そういう意味では、やっぱり頻度が高いっていうことが精神分析の本質につながることだと思いますね。だから、もともとフロイトは週六日やっていたのに、いつのまにか五日になって、それからさらに減って四日になって、ついには週の半分以下の三日になろうとしているわけだから、これは私に言わせれば、精神分析が自己崩壊を起こしているということだと思いますね。

藤山　週五日と四日は相当違うんですよ。僕は今、週五日、月火水木金の患者が終わって、そこに月火水木の人が入ったんですよ。そしたら、こっちとしてもえらい感じが違う。金曜日に終わって次の月曜日まで二日しかないのと、木曜日に終わると金・土・日と三日あるわけで。よく考えれば、もう週の半分ぐらい分析受けてないってことですからね、四日ってことは（笑）　四日と五日はえらい違うんですよ。週四日でもたとえば、月火、木金ぐらいのほうがまだ週五日に近くなるけど、月火水木で固めちゃって三日空けると、ちょっと違うなっていうふうな感じがする、たしかにね。

細澤　僕も、頻度が増せば増すほど精神分析の実質を体験しやすくなるというのは、自分が受けた精神分析と、自分の精神分析臨床からもたしかだと思います。僕の実感では、頻度が増すと、セッションが特別な時間という感覚が少なくなり、日常化するんだよね。ラジオ体操みたいなものだね。毎日、セッションに通い、カウチに横になり、自由連想を行い、分析家にときどき解釈され、さまざまな情緒を味わい、そして、帰る。僕は精神分析が日常となるところに意義があるんじゃないかと思っていて、そういう意味で、日常の中での出会いや体験こそが人を変える力を持っているのだろうと思います。ただ、日常の中では、人は自分の体験を十分に生きることが難しいので、そこから変化が生み出されることがあまりないのでしょう。また、人は自分の体験の意味を否認したり、自分のこころのあり方を無視したりしがちです。精神分析のセッションの中では、自分のこころと出会わざるを得ないわけです。精神分析は、人が体験を十分に生きることを可能にする装置だと思うね。そして、それを通して、人のこころはより大きな自由を獲得できるのだろうと思っています。

藤山　「精神分析は生活療法だ」っていうのをこのあいだ論文に書いたけれども。精神分析はセッションだけで患者さんが変化してくれると思ってるわけではなくて、そのセッションを規則的に持つ、そういう人生を通じて患者さんが変わる、人が変わっていく……つまりそういう、ある一定期間の人生のありさまの供給なんですよね、精神分析は。精神分析を受けたらアクティングアウトは必ず起きる。もちろんそれは分析的に扱われねばならないんですけどね。とはいえそれに関連して生活が変わっていく。それは精神分析の一部なんですよ、やっぱり。そういう、生活の精神分析的組織化が行われるわけですよね。その人の人生が組織される、五年とか十年ぐらいの期間ね。その中で変わるわけですよ、人は。セッションだけで人が変わるってわけではないので、そのときに週四日と週一日じゃ、だいぶその駆動力が違うと思いますね。

松木　分析が終結するとき、まさに終結という最後のセッションの日があって、終わって別れるときに私が感じるのは、これまでずっと一緒に生活していた子どもが遠くの大学とかに入ってひとり暮らしを始めるために家を出て行くっていう……その体験の感覚とすごく似たものを感じます。子どもと一緒に生活しているからといって、はっきりしたやりとりをすることもあれば、そんなこともないときもあって。それでも高校まで一緒に過ごしていて、私なんか福岡に住んでいるから、よその都市の大学へ行くと、そこでもう別れるわけです。だから、もう、実質的なところでかかわれなくなります。もちろん夏休みにちょこっと帰ってきたりするとしても、かかわれなくなる。それまでは直接的にしろ間接的にしろ、気持ちとしてずーっとかかわってますよね。その子どもが大学に入っていよいよ家を離れたときの、残された玄関での「行った」っていう感覚と、最後のセッションでそのクライアントを送り出したあとの感覚っていうのは、自分の中ではものすごく似てるんです。それはやっぱり、クライアント、アナライザンドと過ごした時間というものは、単にその時間を過ごしたんじゃなくて、その期間ずっとこころのどこかで生きる感覚をシェアしているんだと思うんですね。そしてどちらにおいても、それがシェアできなくなるという……寂しさであり、でも、それこそ子どもが大きくなって大人としてやっていくということを喜びたい気持ちでもあるっていう……。そういう体験と感じているんで、頻度の多いセッションのほうが別れのインパクトは大きいですね。

細澤　精神分析は、人生や生活と似ているというか、人生や生活そのものというか。あるいは、精神分析は、人生や生活を凝縮したかたちで体験し、それと直面する装置なのかもしれないね。

松木　もともと、たとえば神経症にしろ、パーソナリティ障害にしろ、要は生きていることとの不具合が発生した状態じゃないですか。それを他の医学にならって、われわれは病気だというレッテルを一応貼って、そして治療っていう表現のもとで対応しています。だけど生きることが不具合になっているのは、家族とともに過ごしてきたそれまでの生き方のなかに不具合が生じているわけで、別に本人が悪いとか誰が悪いとかいうことじゃなくてね。ただ今となってはその本人が自分の内的世界で取り扱わないといけないのですが……。だからその本人がその不具合をもう一回やり直す作業を一緒にしているっていうのが、精神分析的な治療と言われるものだと思うんです。それはさっき細澤先生が言った、頻度が高くなると実生活に近くなるという、それこそがまさにその人のそのままのありようが分析のセッションというかたちで濃くシェアされるっていうことだから、その通りだと思います。

細澤　お二人とも精神分析は誰にとっても必要である、あるいは役に立つという立場ですが、それでも精神分析に向いている患者、あまり向かない患者はいると思います。専門用語で言うと、「分析可能性」ということになるけど、この点についてお二人の考えを聞かせてください。

藤山　まあ、お金を払う人ですね。一番大事なのは（笑）

細澤　うん、お金を払う人だね。でもそういうリアルなことを言うのは藤山先生くらいだよね。

藤山　お金は払ってくれないと困るし……。

細澤　たしかにお金の問題が最初のハードルだよね。

藤山　僕は自分のオフィスでやっているわけですから。転移っていうのは、むこうが子どもでこっちが親だっていう図式でしょ。一面ではそういう状況かもしれないけれども、実は逆のことも動いているわけです。こっちはむこうから飯の種をもらっている。ミルクをもらって依存しているんですよ。生活をゆだねてるんですよ、患者に。だからその患者っていうのは相当信用できる人じゃないと一緒にやる気になれないですよね。何かあってプラクティスできなくなったら、他の患者にも迷惑が及びます。

一対一で私の他は誰もいないところに連れてくるわけだから。

結局それは、相当変な人だったり相当病んでいる人だったりしても、かなりの時間をその人と過ごしてもいい、五年とか十年とか投入してもいい。そのあいだ何とかやっていけそうだ、というような信頼にいたる何かっていうものをこちらが受け取ったときですよね。そうして決断するんだと思いますね。いわゆる、こういう病気だからとか病態水準だからとか、そういうことでは特に決断してないように思いますね。この人とだったら、時間を過ごせるのではないか、そして何かよいことが生まれそうではないか、とかそういうことですよね。

よいことが生まれそうだっていうのは、結局、予備面接でのやりとりの中で、その人の言ったことやあり方に対してこちらが言ったこと、こちらの介入に対してどういう手応えを持って相手がこちらに向かってきたかっていうことが一番信用できます。単なる人の話なんて全然信用できないからね。何を言ったって自由なんだし、言いにくいことは端折るだろうし、辻褄合わせもするだろうし。それが人間ですよ。大事なことはここで何が起きて、それに私がどう情緒的に動いたかなんです。ここで起こっていることが自分にとって納得のいく動きであって、そしてこの人とやっていけるな、という気持ちになるかっていうことが一番大事ですよね。結局お見合いみたいなもんだからね。釣り書き読んだって、その人と結婚する気にはならないと思うんだよね。やっぱり付き合いの中でいろんなことが起きて、そこの中で実感を持って決めるほうがふつうでしょう。いろんなことが起こった手応えっていうのが、一番大事なんではないかと思うわけです。

細澤　そうなると、患者の問題っていうよりは患者と分析家っていう個人と個人の関係性の問題だよね。分析可能性は、患者の精神分析への向き不向きではなく、分析家と患者の関係性次第ということなの？

藤山　関係性っていうか、間主体性っていうかな。患者の分析っていうのはないので、患者と分析家の分析だから。

細澤　それはその通りだけど、僕が何を言いたいかっていうと、藤山先生にとって信頼に足る患者が他の臨床家にとって信頼に足る患者とは限らないわけですよね。そうなると、客観的な分析可能性は存在しないということですよね。

藤山　限らない。もちろんそうですよ。

細澤　だからこの二人の組み合わせの中から何が生み出せるかという点が大切なのね。予備面接はお見合いみたいなもので、分析に導入することは結婚と一緒だということね。

藤山　そうだと思いますよ。だから、「統合失調症だからダメだ」とかよく言われているけれども、一概にそうとも言い切れないと思うし。だから、他の分析家のところで何回も断られた人と七、八年やって終結までいったことがありますけど、やっぱりそれは「この人は相当荒んでいるけど、よいことがありそうだな」っていうことをこっちが直覚するかどうかなんだと思います。それが大事なことだと思います。

細澤　そう考えると、分析可能性は当事者しか判断できないということになるね。周囲の人は何も言えないということ？

藤山　もちろんそうです。だけども、周りが何かスーパービジョンとか助言できるところがないかって言えば、それはあると思う。それを聞いて周りの人が何かを感じるわけだから、感じたことを言ってもらってそれを聞けば、セラピストの気持ちは動きますからね。でも最後はやっぱり自分で引き受けるっていうか、一人のクライアントとうまくいかなくなったら自分のプラクティス全体が危機にさらされるっていうことだってありえるわけですから。その人に自分がある種ゆだねているという側面もあるわけですから、やっぱりそこがとっても大事なところなのではないかなと私は思いますね。そういう自分なりの納得感みたいなのがないとダメですよね。だから結局、なんとか病態水準だとか知的なことによって「はい、この人分析可能です」っていうふうにはとても言えないような気がしますけどね。

細澤　藤山先生は客観的な素材の重要性を認めないということ？

藤山　客観的な素材といってもね。客観的に考えようとすることは、つまり真実に基づいて判断しようとするっていうことはとても大事。でも単に客観的にといってもね。

細澤　そこも一応は評価するわけね？

藤山　それはもちろん大事ですよ。でもそれを判断するのが結局私ですからね、他の人が判断するのとは違ってくるとは思うんですけどね。

細澤　何かしら患者の持っている資源も判断してないことはないということですね。

藤山　もちろんそうですよ。判断しようとしてますよ。まっとうな人かどうかっていうか。すごく荒んでたり、すごく歪曲された人でも、ある種まっとうな……。

細澤　その「まっとう」っていう判断基準はどういうものなの？

藤山　それは希望を持てるっていうことだし、その人が希望を深いところで持っているところちらが感じるっていうこともあるし、こちらもその希望というものに対して納得できるっていうこともすごく大きいんじゃないの？　妄想的な期待とかナルシシスティックな期待じゃないと。この人はものすごい荒んだこと、おぞましいことを言ってるんだけど、キラッと希望みたいなものに手応えとして触れられるっていうか。そういうことはありえますからね。そういうようなことをすくい取っていくっていうことが、分析可能性の判断の材料になると思いますけどね。

細澤　僕も藤山先生と同じような考えですね。僕が考えると分析可能性は、僕が患者の分析に希望を持てることと、患者が自分の分析に希望を持てることです。患者の希望は無意識的なものです。患者本人が希望をいくら語っても、それが真実のものとは限らないし、絶望ばかり語るからといって希望を持っていない、無意識的希望がないとも限らないから、そういう希望を触知できたとき、この人は分析が可能だと考えるわけです。僕が感じる希望はもちろん逆転移であって、患者の無意識的希望に反応して生起したものです。僕が感じる希望も、患者の無意識的希望の評価も多分に主観的なものなので、見込み違いも少なからず起こるわけですが。

松木先生はもうちょっと客観的な基準で判断しているんでしょうか？

松木　今の話はよくわかるんですけど、真摯であるということや希求しているということの裏返しとして、単なる搾取のために分析の機会を利用しようとしているという、その搾取しようとする部分があまりに濃厚すぎるのはよくないのではないかと思います。搾取には意識的な搾取と無意識的な搾取があるんですが、その割合の程度は人によって違うとしても、あまりに搾取の感覚が強すぎるのは分析に導入しても無駄というか、労力に見合わないというか。分析可能性という意味ではあまり好ましくないという感覚はあります。搾取というのは、その人にとっての現世の具体的なご利益を維持するか手に入れるための活動であり、快感原則に沿った自己愛的快を保持するためのものです。だから、真摯に自らの事実に目を向け思いをめぐらすという痛みを伴うこころの作業が忌避されます。

細澤　松木先生の中では、積極的に精神分析に向く人がいるという感覚ではなく、どうしても向かない人がいるだけという感じですか？　精神分析に向いている人を導入するというより、向いていない人を導入しないようにするという姿勢ですかね？

松木　その人が分析の機会をただ自己愛的な利益のためだけに使おうとしているな、という感触がはっきりしていたら、その人は分析に導入しない判断を下します。それがたとえば妄想的な性質であるにしろですね。あるときアセスメントとして会った人は被愛妄想の強い人で、やがて判明したのは、私がその女性を好きに違いないと彼女が確信していたことでした。彼女にとって分析は具体的な恋の場でしかありません。だから、この人と会っても分析としてはとても機能しないだろうと思ったんで、その人とはやらないことにしました。これはひとつの例で、診断的には精神病的な状態なんですが、精神病だから分析的な関係を作らないかというと全然そんなことはなくて、そういう状態の人でも私と分析をやっていった人はいるんです。そこは精神病であるかどうかという、単純に病態水準に帰結する問題ではないですね。藤山先生が言われた言葉で言えば、どこまで真摯かどうかっていうことにつながると思うんですけど。その真摯な態度と、藤山先生は「希望」という言葉を使われたんですが――こちらに対するある種の真摯な希求かな。かなり抵抗や躊躇しながらも、分かち合おうというか、少し委ねようというか。そういう感触があるかどうかっていうのは、導入するかどうかの判断に関係するといえるかなって思いますね。

藤山　まあ、何が起こるかわからないわけじゃないですか。何が起こるかわからないことなのに、その背後に何か希望を持つっていう。それって僕たちが赤ん坊のときに何が起こるかわからずに勝手に生まれてしまったように、生きるっていうことの基本的な姿だと思うんですよね。そういう現実が嫌なもんだから、予測して「こうなるはずだ」とごまかすわけでしょ。みんな科学とか客観的データで予測しようとするんだけど、本当のところ何かわからないけれども希望を持つっていう「不合理ゆえに我信ず」じゃないけど、そういうのが牛きるっていうことの一番本質だと思うんですよ。そこに対しては真摯であるっていうか、「わからないけどやってみよう」と思ってる、つまり理不尽に耐えようと思っているところが感じられるかどうかですよね。

最初からそれが嫌なもんだからいろんなふうに取引してきたりする人が多いわけだけど、その取引みたいなものにこちらが対処しているときに、ちょっとでもこっちの気持ちが動くかっていうことですよね。松木先生の言葉では搾取みたいなもの、ナルシスティックって言ってもいいし、倒錯的って言ってもいいかもしれないけれど。そういうことでなくて、ちょっとでもこちらの気持ちが動くような人であれば、こちらは希望を持てるわけですよ。そうするとその希望っていうのは、実は患者の持っている希望なんですよね。患者の希望のおかげでこちらの希望が生まれる、そういう深いところでの互恵的な関係性みたいなのが大切なことだと思います。そういうのがないと、始める気にはなれないでしょう。何年も何百回も時間をともにするわけですから。そういうようなものが予備面接の間とか、限定された四回とか三回ぐらいの間に展開されれば引き受けられる。結局、展開ですよね。ドラマの質。ドラマの質があまりにも反復的で結局同じところにいっちゃったとかいうんじゃ、もうこの人と一緒にやってもどうせ同じだと思っちゃうだろうし。四回とか、限定された枠の中でドラマを少し進めうる力をむこうが示したときに、すごく「ああ、この人とは分析をやっていこうかな」っていうふうに思うわけですよね。それは恋愛と同じだと思う。

細澤　恋愛と同じ……。藤山先生の話をまとめると、要するに、分析可能性の問題は、この人と親密な関係を結んでいいのかどうかを判断するということになるのかな？

藤山　片方ではもちろん親密だけれども、片方ではフォーマルに枠づけられていることが恋愛とは違いますけどね。

細澤　もちろん専門的な関係なんだけれども、私生活において、この人と親密になってもいいかどうかっていうのとかなり判断基準が似ているものですか？

藤山　まあ、似てるところは似ているよね。

松木　アセスメントの段階において、われわれは「このクライアントと分析を行うとしたら、どういうふうに展開するかな」っていうところは当然ながら想像するわけです。思い描ける範囲の想像をね。ところが実際にセッションをはじめると、まったく想像外のことがそこに入ってきます。それは承知の上で想像するわけなんですが、その想像外のものが入ってきても、「こちらはなんとかやっていくぞ」とか、「やれそうに思えるぞ」っていうね、その感触が抱けるなら、その人とは分析をやろうっていうことになると思います。そのときに、「この人との間で想像外のものが入ってきたときには、ちょっとそういう気にはならないぞ」とか、「持ちこたえる気にはなりにくいな」という感触がある人との間ではやらないっていうのかな。導入をかなり考えることになるっていうのかな。

藤山　なるほどねぇ。

細澤　その感覚は僕の感覚と近いですね。精神分析臨床では、予想外のさまざまなことが起こりますよね。途轍もなく大変なことが起こることもあります。それは、情緒的にも、現実的にも大変だったりします。僕は途轍もなく大変だった出来事のおかげで、臨床家を辞めようと思ったことが数回ありますからね。そこを持ちこたえることができるかどうかが精神分析プロセスの分かれ目ということもあります。そこは避けられないし、むしろ精神分析臨床の本質が展開しているからこそそうなるというふうにも言えます。持ちこたえられる原動力は、結局のところ、患者の中にある希望への信頼しかないと思いますね。そこを十分に考えた上で、分析を引き受けるわけです。

松木　あとは、引き受けていいかっていうときに、それが情緒的な好む／好まないということだけじゃなくて、自分のキャパシティ、トレランスが対応できるかどうかっていうね。むしろそのときに情緒的にある種の好意的な感覚があると、自分のトレランスとかキャパシティを測るのが妨害されてしまうことがあるから、そこの部分こそが用心しないといけないものです。

細澤　「この人いいな」って思っちゃうと危ないわけね。

松木　危ない。かえって危ない。

藤山　危ない。それはもちろん危ないよね。

細澤　「いいな」とは思わないけど、「信頼に足るぞ」と思えるかっていうことですかね？

藤山　ある種のテクニカルな言い方をすると、予備的な段階でひと揉めあって、それを少しでも建設的に切り抜けたっていうことが、お互いにシェアできるっていうことが大事なんじゃないかな。

細澤　予備面接の間にひと揉め起こる人もいるけど、あんまり起こらない人もいると思う。起こらない人はダメだっていうことですか？

藤山　いや、起こすんですよ。

細澤　どうやって起こすの？

藤山　そりゃ起こせますよ、いくらでも。その人のモチベーションの非現実的なところをちゃんと突けば、むこうが動揺するから。

細澤　ああー。そういうところを突くわけね。予備面接の段階でもちゃんと素材を取り上げるっていうことね。それで、それに対して患者は反応するわけだけれど、それをちゃんと持ちこたえたり、そこでワークできるかっていうあたりを見るわけね。

藤山　そうそうそう。そういうことはとても大事で、やっぱりやりとりの中で判断するんだと思うんですよね。

松木　うんうん。一般的なアセスメントっていうのは客観的に病状を評価するだけなんだけど、やっぱり分析に導入するってことは「インタラクションの味わい」を味わわないと本質的なアセスメントにならないでしょう。

藤山　そうそう。スタティックなものじゃないんだよな。ダイナミックなもので、最終的にはものすごいパーソナルなものなんですよ。

細澤　そうなると、予備面接の段階でも、きちんと素材を扱わないといけないってことですよね？　要するに、予備面接においても、無意識的な素材を解釈するということだよね。

松木　もちろん、もちろんそうですよ。

細澤　これは僕の考えじゃないけれど、一般的に、特に自我心理学なんかでは「治療同盟がそれなりに強固に成立してから素材を扱え」みたいなことを言いますよね。

松木　アセスメントのときに転移を読んで、適当な頃合いに転移を解釈してみて、それにどう反応するかっていうね。それをやらないと分析のアセスメントにならないと思いますけどね。そのときに治療同盟を作りましょうっていうのはいったい、何をすることになるんですかね（笑）その人と仲良くなる練習をするんですかね（笑）

細澤　自我心理学的には、表層から深層へという姿勢があるわけでしょ。そうなると初期から、いわんや、予備面接の段階では深層にある無意識的素材や転移を扱わないということになるよね。

藤山　転移って初期の段階では、モチベーションというかたちであらわれているある種の希望や期待ですよね。それがない患者はいないわけだから。しかしそれはほとんどの場合、現実的じゃないんだから。その現実的じゃない部分についてちょっと触れると、むこうはそこを修正してきたり、なんとかするに決まっているわけで。

細澤　今の話だと、やっぱり最初から本質的なものに触れないといけないということだよね。

松木　そうそう。

細澤　僕も基本的には同じ考えかな。僕はそもそも人のこころに関して客観的なものが観測できるということを信じていないんですよ。患者の前に僕がいるという状況で、患者は何かを語ったり、素材を提示するわけです。そこにはすでに相互作用が働いているわけですから、客観的な観察というのは不可能ですよね。患者のこころを客観的に評価することは原理的に無理なので、患者のこころの本質ではなく、患者と僕の関係性にしか本質を見出すことはできないことになります。そして、それは感知できるけど、認識できるものではないひそやかなものである場合が多いので、認識できるようにするためには、そこに触れないといけないことになります。そして分析臨床は、その本質に触れることで体験を深めるところに意義があるので、それが向くかどうかも、試してみないとわからないところがあります。結局、本質的なものに触れる必要があるというところでは、松木先生や藤山先生と意見が同じということになるね。触れないとそこに生じている出来事も見えるようにならないし、そのような触れ合いが目の前の患者に向いているかどうかも判断できないよね。

松木　来ている人のこころの本質にできるだけ触れようとしないといけないし、そこで起こりうることの本質に、できるだけ最初から触れようとしないといけないっていうことです。

藤山　私がトレーニングを受けたのはアメリカ帰りの人ばっかりだったから、自我心理学だからどう、英国だからどうということでもないように思う。いきなり深いところにいくぞって、どの人もいきますよね。土居先生だって、小倉先生だって。

細澤　まあ、学派の問題よりも、個人の資質の違いのほうが大きいのかな。

藤山　「ひと叩きしないと」いけない、土居先生はしばしば言ってましたね。そうしないとその人が手応えを持って一緒にやれる人かどうかわからないですよね。

松木　その人のパーソナリティ、こころの本質は、外から見てわかるものじゃないわけで、それをやりとりの中でどう浮かび上がらせるかです。浮かび上がらせるときにできるだけより深いところを浮かび上がらせようとする。実際には、それは無駄な努力なんですよ（笑）深い本質っていうのがたやすくそこで浮かび上がるわけないんだから。だけど、そこで見られるだけの本質は見ようと試みるっていう、その姿勢が大事じゃないかと思う。

藤山　同じ騙されたんでも、一生懸命やって騙されてそれでまた始めるのと、ただ騙されているだけとじゃ違いますからね（笑）いわゆる自我機能評価のチェックリストとか、ああいうのはもちろん、決断をしたときに自分を勇気づける材料にはなると思うんだけど。

細澤　まあ、そうは言っても、セラピストが勇気づけられても仕方ないよね。というより、弊害もあるんじゃないの。

藤山　いやその、勇気づけられるというか、根拠として、知的に自分を支えるようなものにはなるかもしれない。医療なり何なり、一定のシステムがあるところでその人をどうするか、という判断には役立つだろうとは思います。でも精神分析っていうのはそういうものではないわけで。やっぱり非常に個的な何かにその人を迎え入れるっていうことなので、その分析家のパーソナルな決断が大事になる。

なんか、「決断」っていう言葉があんまり使われないですよね？

細澤　「決断」という言葉は使われないね。日本の文献で見たことないなあ。でも、「決断」という言葉はいいね。

藤山　「決断」って言ってもらいたいよ。ほんと、決断なんですから。この人がちゃんとお金払ってくれるかどうかとか、この人が部屋で暴れないかどうかとか、変なことインターネットで書き散らかさないかどうかとか、そういうことがすべて自分の人生とか他の患者の将来の人生に関係してくるんだもん。そういうことなしに知的にこの人は「こういう水準だから、はい、引き受けました」みたいなかたちでは決断はできないと思いますね。「決断」っていう言葉を使わないから変になっているんだと思うんだな。“decision”っていう言葉を、英語では使っていると思うんですよね。その“decision”っていう言葉は「決定」とか「判断」とかでなくて、本当に、「決断」

に近いものだと思うけどな。結婚を決めるとかね。まあ、そこまではないけれど……。

細澤　でも、結婚のような人生の大きな決断に近いわけね。

藤山　患者にとってはそうだと思いますよ。一生に一度しかないような決断なんですよ。むこうにとっては。こっちはいろんな患者と分析やっているかもしれないけど、同時期にそんなにたくさんの人とはやってないわけだから。一人の分析家が分析できる人間の数なんて、一生かけたってはんと少ないんですからね。

解釈とはどういうことか

細澤　精神分析における特権的技法、あるいは、精神分析を他の臨床学派と分かつ技法は、「解釈」ということになると思うのだけど、解釈のスタイルや意義についてのお二人の意見をお聞かせください。

藤山　松木先生と私は、解釈を「する」という営みに力点のある私と、解釈の内容にかなり力点のある松木先生という点では違うかもしれない。

精神分析は基本的には患者に自由連想させて、分析家は解釈するんだけれども、自由連想っていうのは非常に不自由なもので、普通では絶対にやらないことを人生ではじめてやらされるという、患者にとって非常に大変なものですよね。自由連想っていうのは、「頭に浮かんだことを勝手に連想しなさい」「あなたは自由に連想してください」っていう意味じゃないんです。フロイトが言ったことは、「連想したことをすべてしゃべりなさい」ってことです。そんなこと言われるなんて、それはもう人生では一度もやらされたことがないことなんだけど、それをさせるわけですよ、あえて。だからそれはすごい大きな緊張を強いるわけですよ。で、分析家のほうも「解釈に向かわない発言はしない」という制約があると僕は思うんですよ。だから、二人ともすごい緊張感をもっている。どんなに二人がくつろいでいても、一面ではそういうタスクの中である緊張の中で二人が出会ってるっていうこと、それが精神分析の孕む根本的逆説ですよ。このことはものすごく意味があると思う。

そういう意味では、解釈しかできないんだっていう制約っていうかな、それが大事なわけです。普通は人間はなんかあったら解釈じゃないことをするんですよね。なんか嫌なことがある人だったら「大丈夫だよ」って声をかけたりとか、なだめるとか、うれしそうなことを言ったり一緒になって喜んだりするわけじゃない？　何か言ったら褒めてあげたりとか、一緒に泣いたりだとかするわけですよね。精神分析ではそういうことを絶対にしないわけで、分析家の行為っていうのは、解釈のほうに絶えず自分を集中させる非日常のものなんですよね。患者の行為も非常に非日常のもので、そこはとっても精神分析っていうものの、生き生きとしたものを作る、そのテンションみたいなものにすごく影響があるんだっていうのが僕の考えですね。

細澤　藤山先生の考えに同意できる部分もあるけど、もう少し明確にしたいね。その場合、藤山先生は何のために解釈するの？　解釈の意義や機能について藤山先牛がどう考えているのかを聞きたいのだけれど。藤山先生の考えを聞くと「分析家の仕事は解釈をすることだから解釈をする」みたいに聞こえるね。

藤山　まず、分析家の役割としてだね。それと、「解釈しかしない」イコール「持ちこたえる」なんだよね。僕からすると。持ちこたえないと、患者の内的な対象世界というのがただ反復するだけに終わってしまって、プロセスが進展しないんだよね。つまり患者の持ち込んだもののただの反復に終わる。だからそれをしないためには、反復しようとする力を塞き止めなきゃいけないでしょ。それで、塞き止める方便として一番有用なのが、分析家が解釈しかしないというかたちで自分を精神分析過程の中につなぎ止めて持ちこたえるという、これが精神分析の一番大事な方法論だと思うんだよね。「持ちこたえる」っていうことが。

細澤　持ちこたえるためだけなら、その際の分析家の行為が解釈である必然性はそれほどないように思うけど。解釈が有する積極的意義についての藤山先生の考えはどうなの？

藤山　だから「解釈しかしない」分析家をそこに提供して、ある関係性を反復に終わらせないで、何かドラマを作っていくんですよ。

松木　ドラマを作るために解釈をする。

藤山　そう。ドラマを作るために「解釈しかしない」んですよ。

細澤　藤山先生は、「解釈をする」という分析家の行為が反復を抑止して、ドラマを作ると考えているの？　それが解釈の機能ですか？　それとも、「解釈しかしない」という分析家のあり方に意味があると考えているの？

藤山　「解釈しかしない」っていうことの意味のほうを僕は強調しているのね。

細澤　藤山先生らしさが表れているね。一方、松木先生は相当異なる考えを持っていると思うけど、松木先生の考える解釈の意義や機能について聞かせてください。

松木　まず、自由連想なんですけどね。われわれはアナライザンドに自由連想してくれるように伝えるんだけど、彼／彼女は自由連想ができないわけです。できないのがあたりまえなんです。誰もいない部屋に一人でいるときさえ、自由に連想したことを言葉にしていくのは簡単にはできないのに、ましてよく知らない誰かが一緒にいて聞き耳を立てていそうな境遇で自由連想ができるなら、その人の現実検討能力が疑われるでしょう。自由連想っていうのは何かというと、自由に考えて、それを直ちにそのまま言葉にするっていうことですね。抑制を取るっていうことなんだと思います。それで分析がたしかに進展したら、その人なりのパターンはありますが、つまり抑制もその人独自なスタイルで残ってはいますが、自由連想らしくできるようになります。

だから分析を体験した人の中には、ちょっと独断的なことをよく言っているように聞こえる人がいるんだけど、でもそれは見方を変えればそれだけ分析のプロセスを経て自由に考えて自由に表現できるようになっているっていうことではあると思うんです。だから、ボラスが言ってたのかどうか忘れちゃったけど、分析がそのプロセスとしてきちんと進展しているのなら、そこにおいてその人は自由連想できるようになるんですね。つまり「自由連想は結果的に達成されるものである」ということでしょう。だけど、真に自由連想ができるようには、どれだけやっても最終的に誰もならないとは思うんですけど。

藤山　誰かと話しをしているときにね、ものすごい親密な相手と話しをしているときって、人は自由連想しているのかっていう話題があって、僕はそれは違うんじゃないか、と思うんです。

松木　それはかえってできない、親密な人とは。

藤山　自由連想っていうのはやっぱりフロイトはね、「頭に浮かんだことをしゃべりなさい、意識にあがったことをしゃべれ」って言ってるんだよ。だからそこにある種の二分節性があると思うんだよ。そのギャップっていうものが面白いわけで。そのギャップが極度にちっちゃくなって自由に見えるときもあるけど、思い浮かんだこととしゃべるということの間にギャップがあって、そのギャップの中でいろんなことが起こるっていうふうに僕は考えてるんだよね。これもだからある種の仕掛けなんだって思うんだよね。フロイトはそういうことに気づいていたかどうかわからないけど、不自由なものをあえて持ち込んでいく仕掛けなのかなって思うんですよね。だからそれを「自由連想」っていう名前で呼んだことが非常に皮肉であると思うわけで。そこがとても面白い。絶対に不可能なわけですよ。自由連想っていうのは。

細澤　藤山先生が話を取ってしまったけど、松木先生、話の続きをどうぞ。自由連想は基本的に達成不可能なものだけど、相対的には可能になっていくっていう話ですよね？

松木　そう。それで解釈なんですが、解釈は何を目指しているかというと、その人が、その人自身の本質的なところを知る、その手助けするものとして解釈していると僕は思っています。だからもちろん藤山先生がさっき言われたように、その解釈が本人の中に響かないといけないわけだから、どういう言葉でどのタイミングでどう与えるかというのは、ものすごく大事なことなんです。でもそれだけではどうしようもないわけで、われわれが伝える内容がその人のあり方、生き方の事実、本質に関係していないとなんにもならないと思いますね。「その本人のあり方の事実、本質」をどう正確に理解するかというのがわれわれ分析家の仕事だと思うんです。もちろん本人もそれを理解しようと思って分析に来ているとしても、自分では気がつかないわけだから、われわれがそこで外の立場から見える分だけ、あるいは、その人とのやりとりの中で、その人が分析空間というか面接の場面の中に持ち込んでいる、その人のこころのありようそのものの中にいるし、それに触れているのだから。そこでわれわれが理解できる部分での、その人のあり方の事実、本質を伝えることをやっているんだと私は思っているんです。ビオンの言葉でいえば、その人の事実、真実、究極の現実ということになるんだと思っているんですけど。

藤山　このへんは僕とはちょっと微妙に違うんだろうなと思います。どう違うかというと、つまりケースが変化していくときに解釈しかしないつもりでこっちはいるわけだけども、解釈が及ばずに、ただいかんともしがたい、どうにもなんないような感じになってる。そういう感じでなんとか分析がつづいているんだけれども、ある程度その時期を過ごしたら、ふとみると患者が変わってるっていうことがあるんですよ。

細澤　解釈によらず変化が起こる場合があるということだよね。現実の臨床の中ではよくあることのような気がするね。

藤山　ある。土居健郎の『精神療法と精神分析』[34]っていう本の「解釈の仕方」っていうチャプターがあって、そこで患者さんが変わるんですが、そこで土居先生は「途方に暮れたのである」[35]って書いてあるんですよ。そして、次のパラグラフでは、「さてそうこうしているうちに患者が変わってた」って書いてある。「解釈の仕方」っていうチャプターなんだよ。それなのに、そう書いてある。全然、解釈なんかしてないのに変わってるってことを土居先生は書いてる。「こういうことが言えたらよかったのかもしれない」っていうことをあとで書いているんだけど、実際には何も言えてないんだけども変わっているわけで。つまり僕はそこにいる、分析家が何かを考えている、っていうことの中で、事が起こっていくっていうことが大事なんだろうと思うわけね。

34　『精神療法と精神分析』金子書房（一九六一）

35　同書一五二頁に同様の表現として「治療者はじっと辛抱して、何とかして患者がこの依存的な姿勢から脱する法がないものかと、思案にくれたのである」（傍点引用者）という一文があるが、ここでは鼎談の流れを重視し、話者の記憶のまま「途方に暮れたのである」とした。

それはこちらが何かを言ったことが何かに届くっていうよりも、ひょっとすると届かないっていうことのほうが意味があるのかもしれないとか、そういうことも考えるわけね。それはウィニコットなんかが言ってることですけど。

だから患者の真実というものをこちらが摑もうとしてそこにいて、それに方向付けられているにしても、必ずしも摑めないかもしれない。ただ、そこには絶えず私たちを患者の内的対象に変える、つまり患者の投影を受けてこちらが動いてしまう圧力が働くでしょ。それをとにかく持ちこたえていなくちゃいけないでしょ。苦しい時間を過ごさなきゃいけないいけれども、結局何か自分の頭で考える。つまり患者の一部じゃなくて自分自身として何かを考える。セラピストが自分自身の考えを生み出し、それを言うっていう中で、最初にまずセラピストのほうがより自分自身になっていくっていうことが起きる。そこから患者も変わっていくのかなっていうようなことを考えています。必ずしもセラピストが言ってることが正しい、あるいは真実に触れている、そのことで本当に動くのかなぁっていうことについては松木先生とは考え方が違うのかもしれないですね。

「その人のあり方の本質」をとらえることを目指そうとしている、存在してそこにいるっていうことにはものすごい大事なことがあるけど、解釈をしたその言葉が患者に受け取られたことで、セラピューティックなアクションというか、治療作用が動きはじめるっていうことではないのではないかなと。

細澤　僕は、精神分析の目的は、自由連想に近づくこと、夢を見ることができるようになること、そして、退行を享受できるようになることと思っているんだよね。これら三つのことはすべて人の自由と創造性に関連していて、要するに、僕は精神分析は「その人がその人なりに自由に、そして、その人なりに創造的になるのを助けてくれるもの」と考えているわけ。自由連想は精神分析の方法論であって、フロイトはそれを通して患者の無意識を発見しようとした。それはこころの奥底に隠されている無意識を発見するという考古学的モデルなんだよね。僕は無意識は発見されるのではなく、自由連想を通して生成されると思っているわけ。つまり、僕はより不自由な自由連想がより自由な自由連想に近づくことを通して、人が豊かな無意識を生成できるようになることが精神分析の目的だと思っている。自由連想と言っても、最初は不自由で、反復的であったり、不毛であったりするわけですよ。それがより自由になるにつれ、その人なりの創造的なあり方が機能しはじめると思う。そして、精神分析を受ける人のこころが創造的になると、臨床的に進展が生まれるんだよね。

僕の精神分析観はこのようなものです。この考えを基盤にすると、解釈の意義は「患者がより自由に連想できるように援助することにある」となります。僕は、内容が正しい解釈が自由連想を促進するとは限らず、ときに間違った解釈が展開を生むこともあると考えています。さらには、解釈をしないで状況を抱えるとき、あるいは、解釈ができないような状況を持ちこたえるときに、進展が生まれると考えています。

このあたりは、藤山先生のあり方とほんの少し似ているかな。基本的考え方はずいぶんと異なるけどね。僕も、解釈が精神分析臨床家の一つの仕事、唯一の仕事と考えているけど、藤山先生の「解釈しかしない」という姿勢と比べると、僕のほうが、「解釈をしない」ということにも開かれているかな。解釈が何かを動かすということもたしかにあるけど、解釈が進展を止めることもあるというところが、藤山先生との違いだろうね。僕も、精神分析臨床家は解釈しかしないことが大切と思っているけど、その前提で解釈をしないということにも開かれていることが大切であるという立場かな。

藤山　解釈できるはずなのにしないっていうのは、まずいと思う。

細澤　藤山先生はそうだよね。僕は、それがまずい局面もたしかにあるとは思うけど、解釈を控えることが大切な局面もあると思っているわけ。また、治療者のこころの中に解釈が生まれたら、それを必ず患者に伝えるという姿勢は臨床的ではないと思っているね。それでは、治療者は解釈マシーンになってしまうよ。

藤山　解釈を控えることに意味を感じませんね、私は。自然に解釈ができれば、そしてそれをするべきタイミングだと感じたらしたらいいと思います。

松木　今の細澤さんの話は、その自由連想がよりできるようになることと分析が展開することを、あまりに混ぜすぎているように私には感じられますね。私が考えるオーソドックスな精神分析のプロセスは、治療者が途方に暮れるんじゃなくて、アナライザンドが途方に暮れる状態が起こってくるのがオーソドックスなプロセスだと思います。だけど、途方に暮れる人と、途方に暮れたくないから途方に暮れないようにあらゆる手段を使う人がいるんです。そういう途方に暮れたくないからあらゆる手段を使う人がいたら、われわれのほうが途方に暮れるようになるわけですよ（笑）

細澤　それは、そうですよね。その点に関しては、僕も松木先生と同じ考えです。

藤山　最後は患者が途方に暮れなきゃいけない。

細澤　最後にはそうだろうけど、プロセスの半ばで治療者が途方に暮れることがあってもいいんじゃないの？

松木　いや、やっぱり順調にいくなら、別に治療者のほうが途方に暮れる必要はないんだと僕は思う。

細澤　それは必要はないだろうけど、治療者が途方に暮れてしまう局面があるという現実はあるでしょ。

松木　それはたしかに現実としてね、こちらも途方に暮れます。精神分析プロセスのどこかでね。途方に暮れるけど、でもそれは本質的なことじゃなくて。本質的なことは、アナライザンドが自分自身をだんだんわかっていくと、自分が思い描いていた理想の姿が、見えてきている現実の自分のありようとあまりに違ってしまうので、そこで途方に暮れていくわけですね、でも途方に暮れたくないんですよ。

細澤　そりゃわかりますよ。

松木　だからその結果、われわれが途方に暮れるプロセスが必然的に発生して、どっちも途方に暮れながら進んでいくということはよくあるけれども、でもその主たるものは、アナライザンドが途方に暮れることであって、われわれだけが途方に暮れたってどうしようもない（笑）

細澤　松木先生のその考えは正しいと思いますよ。ただ、松木先生にそのような意図があるとは僕は思っていないけど、松木先生がそう言うと、治療者は途方に暮れるべきではないと言われているように思ってしまうな。僕は、治療者は途方に暮れることに対してでも開かれているべきだと思うね。

松木　現実には、どっちも途方に暮れたりしながら進んでいくというのが大方の場合の実情です。でも、治療者だけ途方に暮れればいいわけじゃない。

藤山　僕の感覚だと、あるところまでこちらが途方に暮れてることは、分析過程の本質の一部のような気もします。けれども、あるところを越えると、かなり長いこと、むこうが途方に暮れつづけているような気がしますね。

細澤　それはたしかに、臨床的にはそのような流れになっていかないといけないんだろうなとは思うよ。ただ僕が言いたいのは、分析のプロセスは治療者がコントロールできるものではないということなんだよね。分析のプロセスは、治療者も患者もコントロールすることはできない。プロセス自体が自発的に展開するわけです。治療者にできることは、分析のプロセスに身を任せて、その中で、自分の仕事をして、プロセスが自発的に進展することを助けることだけだと思うのだけれど。

藤山　患者の治療なんだから、最後は患者が自分のワークをすることになるんじゃないかな。

細澤　本質的には患者がワークするんだよ。僕はそのことを言っているんではなくて、プロセスへの関与のことを言っているわけ。

松木　最後も最初も、ワークをしに来ているのはもともとアナライザンドだもん。

細澤　なかなか話が通じないね。だからね。そういうことではなくて、こうあるべきだという考えが強すぎると、プロセスの中で生じてくるさまざまな情緒を味わうことができなくなるということを言っているんだよ。

松木　いえいえ、「あるべきだ」とは私は一言も言ってない。「こうあるもんだ」って言ってるんです。でも、それは一つの定型であってね。定型通りに行くなら、そのパターンでやればいいわけです。

細澤　まあね。松木先生の意図はわからないでもないし、同意できるところもあるけど、誤解を招きやすいと思うよ。

松木　絶対その定型通りには行かないのが人間と人間の出会いだし、そこを何より大事にすべきです。……だって、解釈でその人に伝えようとしているものは、その人のありようの真実であって、それは個人個人に違いますね。たとえば、ずっと前に分析的心理療法をした人がいたんだけど、境遇が相当にそっくりだから、ものすごくよくわかるんです。本人の置かれている客観的状況、そしてその心情が。家族に何を言われて、それで何を思ったか、もうわかりすぎるぐらいわかるんですね。その人の次の話を聞く必要がないぐらい。でもそれは、わかっていないんです（笑）

細澤　うん、うん。それはそうだよね。僕にも似た経験があるね。

松木　本人はずっと途方に暮れているのですね、そうした自分の生きざまを語り見ていくプロセスでね。だけど私はそれが自分の通った道と酷似しているから、それと重ねてみるならよくわかるわけです。だから途方に暮れなくてよい。だけど、わかったということでそのまま進めばいいかっていうと、全然そんなもんじゃないんですね。むしろ、彼がまだわからないことで私がわかっているように思うことが、そうした理解の持ち出しではなくて、その人とともに本当に私にもわかることになる機会として分析過程が意義を有していくまでわかったかのような理解と解釈をしないようにして、それこそ藤山先生が言うように、持ちこたえなきゃいけない。私が途方に暮れるのではないが、わかっているわけでもないというのが非常に重要な要素としてそこにあるわけです。だから、私のほうはどんどんわかるからバンバン解釈をすればいいかっていうと、全然、そういうもんじゃないですね。

細澤　このテーマは結構、大切なところでもあり、微妙なところでもあるせいか、いささか話が錯綜してきましたね。

藤山　ちょっと錯綜してきましたけど。でも、やっぱり分析家って結局、解釈する仕事をしているんだと思います。最終的には。

細澤　そこは三人とも一致しているんだけどね。

松木　いや、解釈をする仕事なんだから、解釈の中身がどう大事かっていうことを横に置くわけにはいかないわけでしょう？

細澤　僕も、おそらく藤山先生も解釈の中身は大事だと思っていますよ。

藤山　中身は大事ですよ。だけど、強い患者からの圧力の中で分析家が生きつづけている、つまり自分自身の考えを紡ぎつづけている、という事実がもっと大事です。中身が患者の中に投入したあと、患者のこころの中に何が動くかっていうことは単なる理論的な推論になってしまう。実感のないことですよね、分析家にとっては。へたすると、こういう解釈をやったからこういうふうに患者のこころが動いてこうなったっていう、なんか認知行動療法の図式みたいになっちゃうっていうか。それはちょっと違うんじゃないか、という感じが僕はどうしてもしちゃうんですよね。

細澤　だから、僕は、正しい解釈をしたら患者のこころが動くみたいな嘘くさい物語はいただけないと思っているだけなんだけどね。治療者はできるだけ正しい解釈をしようと思うわけだけど、正しい解釈よりも間違った解釈が進展を生む場合もあって、そのことはプロセスが創造的だということの表れじゃないかと思うのだけれど。

松木　私の言っていることは、まったくそういう創造的なプロセスとして言っているのであって……。

藤山　いやぁー（笑）

細澤　松木先生の話を聞いていると、全然、創造的に聞こえないんだけど（笑）

松木　絵を描くにしてもね、絵の描き方のプロセスって基本的に決まっているわけでしょう？

細澤　創造だから、何かが生まれるわけですよね。要するに、その松木先生が今言ったような解釈をすると何が生まれるんですか？

松木　その人が、自分自身を発見することが生まれるわけでしょう。

細澤　そこだよね。それが松木先生の考えが創造的に感じないところ。松木先生の考えは、発見モデルだよね。隠されている真実との出会いみたいな。

松木　創造というと無から有が生じるようにとらえやすいんだけど、実際の創造は、既存のかなりのものに何か新奇な少しのものが加わることです。そしてそれは、気づき、発見から始まります。発見っていうのは創造ですよ。

細澤　創造は無から有が生じるものではないですよ。そんなことは二十世紀以降誰も信じていません。問題は、松木先生の考えが、いまだ発見されていない隠されたものが発見されるというモデルであって、そのような発見は創造ではないと思うな。発見という言葉を使うならば、発見だと思ったことが創造であったという事態が精神分析臨床の本質というならばまだわかるのだけれど。

松木　発見っていうのは、それが黙って見つかるんじゃないんです。見つける側と見つかる側が出会わないと発見が起こらないわけです。

細澤　そこは同意できるね。僕の考えでは、出会いがあって、創造が起こるのだけれどね。

松木　ほら、クライアント、アナライザンドは、過去の体験はちゃんと記憶しているじゃないですか。「あー、そんなことは昔から知っていました」っていうぐらい、覚えていますね。でも、そこにそれまで考えることがなかった意味があるのだと、新たに分析の中で発見されるじゃないですか。この発見というのがアナライザンドには非常にクリエイティブな行為じゃないですか。それは畑を耕していたら、倭国の金印を発見したということとはまるで違って、考えられなかった思考の発見であり、その思考は分析的交流の中で、創造的に発見されたとも言えるものではないでしょうか。

藤山　それは間違いなくそうだと思いますよ。僕と松木先生は同じ事態を見て、違う言葉で語っているだけだと思うよ。ただ、分析家の解釈の内容が正しいものだから、そういう意味が生まれるわけではないよね。

松木　もちろんそうじゃないです。ただそこで、媒介するわけです。

藤山　媒介ですよね。……だから、分析家があまりにもバカなことを言ったわりに、すごい意味が生まれるとかいうようなこともあるように思うわけね。

細澤　よくよく聞いてみると、松木先生の言う発見はたしかに創造的かもしれないね。僕の考えとそれほど違わないような気もするね。問題は、そのプロセスに発見という言葉を当てることが適当かどうかということかもね。発見というと、どうしてもすでにそこにあるのだけれど、いまだ見つかっていないものを見出すというニュアンスが付き纏うからね。

「解釈の内容」と「解釈という行為」

細澤　松木先生はどちらかというと解釈の内容に強調点があり、藤山先生はどちらかというと解釈という行為に意義を認めているみたいね。僕は、解釈が精神分析臨床家の唯一の仕事で、解釈が重要であるということに関してはお二人に同意するけど、解釈は分析を構成するひとつの要素に過ぎないというふうに、お二人に比べてその役割を相対的に小さく見積もっているところが特徴かな。

松木　とはいっても、藤山先生だって解釈の内容考えるでしょう（笑）

細澤　それは誰だって考えるでしょう？　松木先生は僕が考えていないと思っているんだろうけど、僕だって考えてますよ（笑）　問題はスタンスの違いであって、そこに大きな意味があるんじゃないかと思うよ。

藤山　真実の感覚を持つある言説を作るというか、解釈を作ろうという仕事はどういう仕事かというと、二人の間、その人と一緒にいるときに体験するいろんな情緒や感覚から、真実の感覚のある言葉で患者を言い表す言葉を紡ぐっていうことだと思うんですね。そういう人間がそこにいる、ということが大事なんです。でも、それを一生懸命やったあげくに出てきた言葉が、果たしてどの程度真実であったかというのは、あとは仮説の領域にいっちゃうかなと僕は思うんですよ。

細澤　要するに、何か進展が起こったり変化したりっていうのは、言葉の内容に反応しているのかどうかっていうことだと思うんですね。松木先生はやっぱり、解釈の言葉の内容に反応して進展が起こると考えているわけ？

松木　そのときそのときの言葉の内容に反応して、それが積み重なってきっかけを得て進展が起こると考えます。

細澤　もちろん、どんな内容でもよいということはなくて、解釈の言葉に反応しているわけだけど、松木先生と藤山先生の考えは共通するところもあるけど、微妙に力点が違うよね。

松木　「藤山先生が言うという行為」に反応しているっていうこと？

細澤　そこまでは思っていないけど、やっぱり解釈の内容よりも解釈という行為自体にすごく意味があるんじゃないかと思うけどな。

藤山　行為、つまり、自分自身の言葉をすごい緊張にさらされながら紡いでいるっていう営み自体が、おそらく意味があるんじゃないかなって思いますけどね。

松木　それはつまるところ、治療者のあり方を体験して取り入れるということですか？

藤山　取り入れるっていう部分があるし、それは、その人が絶望的にやり通そうと、やろうとしているけれどもできなかったことなわけですよ。だからそれやっている誰かがいる、っていうことには意味があるんじゃないかと思うわけですね。

松木　そういう側面はたしかにあると思うし、そういう側面がアナライザンドがかなり後になって語るような部分ではあると思うんですけどね。でもそれがなされるためには、実質的に意味のある、生きた意味のある解釈をセラピストが繰り返していることがありますね。その積み重ねが、最後に残った外形として治療者の姿として描写されることは実際にありますが、それが全体であり本体だとは私は考えていないです。

藤山　だから結局、どれが正しいかどうかっていうことは誰にも言えない問題だと思いますね。ほとんど同じことを一生懸命やろうとはしているわけですが。

細澤　僕もお二人と臨床の中で実践していることはそれほど変わらないと思うね。精神分析の中で、患者は自由連想を行い、治療者は解釈を行う。そして、さまざまなプロセスが展開する。そのさまざまなプロセスの一部は、治療者が情緒的な真実、情緒そのものと触れ合った上で、言葉を紡ぎだすという行為に反応して展開するのだと思います。その他のプロセスももちろんあるわけだけれど。自由連想から解釈に至る営みが精神分析の本質であり、そこに進展が生成したり、変化が生起するという点に関しては、僕もお二人と同意見なのだけど、解釈の内容の真実性がどれほど重要かという点が三者三様微妙に異なるようだね。

藤山　それは、解釈の内容の真実性が、どれぐらい治療の進展と関係するのかっていうことについて、私がかなり留保をつけているということですね。

松木　真実っていうのは、その人の、主体にとっての真実ですね。だからそれは客観的に証明される、されないっていう問題ではないものです。誰にしろ分析が終わったあと、分析家が自分に何を言ってきたかということを細かく覚えている人なんかいないですよね？

細澤　それはいないよね。僕もあんまり覚えていないし、覚えていることはむしろ解釈以外のことだね。

松木　誰も覚えてないですよね。そのときに、「ああ、分析家は自分にはこういう人だったなぁ」とか、「こんな感じでかかわってくれたな」というパースン（person）全体の印象や空気感は残っているという……そういう感触ではありますよね。

細澤　そうですね。

松木　でもそれが分析体験のすべてかっていうと、まったくそうじゃないと思うんです、私は。それはもう、最後に残った蟬の抜け殻みたいなもんですから。変身していった蟬の本体はやっぱり日々の分析的やりとりの中で、何が真剣に二人で見定めようとされたか、正確に理解しようとされたかっていうその作業によって少しずつ変わっていったのだと思うんですね。

藤山　だから何を言ってもいいと思っているわけじゃ全然ないわけですよ。私も。だけども、要するに、果たしてこの言った内容によって動いたのか、それともこうやってギリギリのところまで追い詰めながら、追い詰められながらも何かを言おうとしていたという、このアクションによって人は変化するんだろうかとか、そういうことについての考え方がちょっとだけ違うんだと思いますよ。

細澤　本質的には共通している部分もあるんだけど、微妙な違いもあるということだね。

藤山　僕は患者が動くのはやっぱり体験だろうと思うから、体験の総体で動いている気がするんですよね。何かを解釈をするっていうのは結局、「知」っていうか、言葉にしていくことじゃない？　言葉にするところの前で、大きなことはすでに患者の中で動いてるような気がする。そこの力っていうもののほうが大きいのかな。つまり、ちゃんとした言葉でも、プロセスなくそこに投入されたら患者を動かさないと思いますからね。

細澤　それは松木先生も同じ考えだよね？

松木　もちろん。そうなんですけどね。今言われていることのある意味危険なところは、そういう態度、姿勢だけで分析家がいれば、そこでアナライザンドがちゃんと自分なりのものを見つけたり手に入れたりして分析の目的を達成するという、父親は大きい背中を見せていればいいみたいな、分析的に努められるべき日々の作業がないがしろにされる安易な思想に走りかねないところです。まったくそんなもんじゃないでしょう？

細澤　まったくそんなもんじゃないですね。姿勢だけでいいって話じゃないですよね。

松木　分析家を演じる役者が精神分析をやって、アナライザンドとの間でちゃんと分析プロセスを展開するかというと、役者は想定されたプロセスに適う役を演ずるかもしれないけれど、真の分析プロセスは起こらないはずです。

藤山　態度じゃなくて、やっぱり分析家の内的プロセスですよ。一番大事なことは。分析家の中の内的プロセスが大事。

松木　内的プロセスはノンバーバルにも伝わるかもしれないけど、内的プロセスを伝える作業が解釈によってなされているわけでしょう。

細澤　そこまではたぶん、三人とも一致しているんだけどね。問題は、「正しい解釈だけが何かを動かす」という物語なんだよね。そこまでのプロセスについては異論はないのだけど、その最後の部分に関する感覚が異なるのかな。

松木　「だけが」っていうか、より正しいというか、「正しい」というより「適切」だと言ったほうがいいと思いますけどね。

細澤　「適切」でいいですよ。そこは松木先生のお好みで。

松木　より適切な解釈を行うのがわれわれの職業的な実務としてあたりまえのことだし、それがまたアナライザンドの心的な実感につながるものとして入っていく、作用する、あるいは響くんじゃないですか。

藤山　それはもちろん、より適切な解釈を与えられたときに、その解釈の内容によって動く部分っていうのがないとは全然言えない。

細澤　僕も解釈の内容によって動く部分があるとは思うよ。ただ、「適切な」解釈だけが動かすわけではないと思ってるだけなんだけどな。

松木　たとえば、ある解釈の言葉が浮かぶじゃないですか。そのときそれを実際にわれわれが言葉として伝えるか伝えないか、その判断をどこでするかっていうと、その解釈をしたときに、それがそのアナライザンドのこころに実感として今なら体験されるか、されないかというところです。その点から言葉にするかしないかを、私は決めるんです。

細澤　うん。そこは珍しく松木先生に完全に同意できる部分だね。解釈を控える瞬間もあるということだよね。でも、藤山先生は異なる意見を持っていて、治療者の中に解釈が浮かんだら、それを伝えるべきだというのが藤山先生の考えだよね。

藤山　それは単純化しすぎです。考えたらすぐに伝えるべきだというのではないです。自分にとって本当だったらとりあえず伝えてみて、何かそこでむこうがピンと来なかったりしたら、そのピンと来ないという体験からまた何か生まれるかもしれない。その生産性を強調しています。

細澤　僕は、基本的にプロセスを動かそうと思っていないからね。僕は、自由連想を促進するという観点から、解釈を伝えるか控えるかという選択をしているんだよね。解釈を伝えたほうが自由連想が促進されると思ったら伝えるし、解釈を伝えることで自由連想が阻害されると思ったら控えることになる。

藤山　やっぱり、予測っていうことをどれぐらいやるかっていうことになると思いますけど。

細澤　予測に基づいてその場の臨床行為を決定するということはあるね。

藤山　つまり予測するっていうのは、要するにそれで"no desire"とビオンが言ったことにかかわってきますね、私の感覚だと。

細澤　予測と欲望はどう関係しているの？

藤山　欲望があって、こうなってほしいというのがあるから、実際そうなるかどうかを予測しちゃうわけですよね。理想論かもしれないけれど、そういう予測がないほうに真実味を感じてしまうのかもしれないな。

細澤　"no desire"の日本の権威の松木先生的にはどうなんですか。予測って欲望なのかな？　僕は、予測は臨床判断であって、欲望の関与がないとは言い切れないけど、臨床判断がなければ、それは職業的な臨床でなくなってしまうような気もするね。欲望の関与に注意を払いつつ臨床判断をするということでよいように思うけど。

松木　判断の基準は、今のアナライザンドがこちらの言葉を消化吸収できるかですよね。消化吸収できないものを無理矢理口に突っ込むのは、それこそこっちの"desire"に動かされていることになっちゃうだろうし。

藤山　口に突っ込むと思ってないんですよね。僕はあんまり。

細澤　僕もやっぱり、反応できるかどうかって考えるけど。また、解釈がむしろプロセスを阻害することもありうると思うね。

解釈の失敗

藤山　堂々巡りみたいな議論になっちゃうけど、こっちが解釈を失敗するっていうことは、自分が無理解な何ものかという対象になったっていうことだから、そこをまた扱っていかなきゃいけなくなるわけですよ。

細澤　失敗をすることも、また重要なプロセスの一部だから、その意味を扱う必要はあるね。

藤山　だから「失敗するっていうことはない」っていうことは僕はありえないと思います。育児には、絶対に失敗がある。

細澤　たとえば、解釈しないっていうことだって失敗かもしれない。

藤山　そうそう。そこで本当に起きていること、というのをどう考えられるか、ということは、結局相対的なものなんだよね。どの程度それが本当かは誰にもわからない。僕は理想的に、いいものを何か口の中に入れて、それでずーっといるということだけが子どもを成長させるとは思ってないんですよね。

松木　いや、そういうつもりでやっていても絶対失敗はするわけです。われわれ自身はこれが適切だろうと思ってやっても実際はそうではないのです。全然相手は望んでないものだったり、むしろそれだけは嫌だったっていうものをわれわれ自身が出したりします。つまり、失敗は必然的に起こるのであって、ただ失敗での大事なことは、それが作為的でないことだと思う。

藤山　それは、まあそうですね。

松木　絶対、作為的でないのであって。結果的に起こってしまった失敗であるということです。その失敗なら、ひとつの見方で見れば、われわれの見方で見るときには失敗なんですが、そしてその失敗であることを受け止めなければいけませんが、無意識のダイナミックプロセスという見方で見ればこれは転移的なひとつの展開ですよね。

細澤　失敗自体が患者の対象関係の反復ということだよね。

松木　だからその両面に目を向けていないといけないんだけど、作為的な失敗をしないためには、われわれは適切な解釈を伝えようとしていることが必要なんです。それが基本的にないと作為的な失敗になると思うんです。

細澤　そこに関しては同意見だね。作為的な失敗は何の意味もないよ。

松木　それで適切な解釈をしていっていたら、クライアントはそれを消化吸収して、成長するというのか、動くというのか、変化するというのか。とにかく、ある特定のプロセスをもって進展するわけですね。その上で、発生した失敗が初めて意味を持つことになるのだと私は思うんです。だからそのためには、最初から適切な解釈が前提として必要だっていう意味です、私が言いたいのは。ということは、基本的に解釈の中身が関係しているっていうことですよ。

細澤　解釈の中身が大切だということに異論はないよ。問題はそこにはなくて、解釈の失敗、あるいは、間違った解釈が進展を生むことがあるという現実なんだよね。すると、逆から考えてみれば、解釈の正しさが展開を生んだのではないかもしれないということになる。

松木　それは、必要条件の上に起こった十分条件みたいなもので……。

藤山　そこはどうだろうなぁ。難しいところだと思うんですよね。結局は、一回、二人の間で何か、ある種の本質的なずれみたいな、亀裂みたいなものを体験することがあると思うんです。そのときはものすごい危機なんだけど、なんかすごく本物みたいな感じがあると思うんですよね。

松木　そう、そうです。それは言葉を使えばカタストロフィだと思うんです。二人の間で発生しているカタストロフィだと思うんだけど。

藤山　そこが一番大事なところですよ。

松木　それが起こるというのは本当に重要なことであるのはたしかなんですが、ただそれはやっぱり、分析として必要な進展が起こったプロセスの中で起こらないといけないことではありますね。その必要な進展が起こるためには、われわれが、治療者としての役割をそれなりに果たしつづけているっていうことが大事なわけです。その役割を果たしつづけているということは、単に解釈をするというだけではなくて、適切な解釈をしつづけていることなのだと思うのです。

藤山　できるだけ本当に近いものを供給しようとしているっていうところは同じですよ。

細澤　僕だって、真実に近いものを提供しようとしてますよ。真実、あるいは事実でもいいけど、そういうものと触れ合うことが可能となる言葉を解釈として提供することが大切だと思っているよ。提供すると言うとちょっとおこがましいかな。「解釈をそこに置く」みたいなイメージが、僕の実感に近いかな。

松木　解釈の中身が大事だっていうことじゃないですか。

藤山　そこに微妙な違いがあるとは思います。正しい解釈を目指すことは必要でも、解釈の中身によって本当に動くかっていうことには疑問があります。

細澤　それをさっきから言っているのだけど、議論がかみ合わず、堂々巡りの状況から抜け出せないね。

松木　中身によって本当に動くっていうのが、ある解釈を言ったら相手がガラッと変わるっていう、そういうようなものだと考えるからおかしくなるんですね。

細澤　ただ、松木先生の考えは、正しい解釈をするとその解釈に反応してプロセスに進展があったり、患者に変化が生じたりするというモデルだと誤解されるよ。

藤山　だから、松木先生はアクションの解釈をした後の、最終産物の力っていうものをすごく大事に考えていらっしゃるんですよね。

細澤　松木先生は言葉の力を信じているんだね。

藤山　僕はどっちかっていうと、解釈をしようとしている分析家が「いる」ということに本質的なものを見ています。そこがプロセスに与える力っていうものを重視したいと思っているんですよ。だからそこはちょっと違うんですよ。その最終産物をよいものにしようとする努力は怠っているっていうわけじゃないですが。

細澤　そこはみんな一致しているのだけどね。

藤山　どこにセラピューティックなパワーを見るかっていうことの違いなんですね、結局。

細澤　解釈の意義と機能に対する信念の違いだね。臨床場面で行っていることにはそれほど差がないわけだけど、そこで生成しているプロセスについての理解に違いがあるんだよね。

松木　われわれは何百セッションもやるじゃないですか。何十セッションかで終わってしまう心理療法ではない。そこの中でわれわれは、繰り返しいろんなかたちでの解釈をしているわけで、そのひとつひとつの解釈は、それはそれは非常に真剣にやっています。真剣に中身を相手に伝えていることをやっているわけで、その結果としていろんなかたちの反応が起こってくる。それが起こってくるのも、テレビドラマみたいな劇的な感じで起こってくるんじゃなくて、あるいは小説を読むみたいに何時間かで読み終えるような話の起伏が起こるわけじゃなくて、もっと人生的なものとして実際に起こってきますね。

細澤　そう説明してもらえば、三人の違いはより小さくなるね。

松木　その原動力というのはやっぱり、真実を伝える解釈が、それこそ一ミリ一ミリと入るような、そういうものにある。

藤山　微妙にニュアンスが僕と違うんだなっていうふうには思うけど（笑）「一ミリずつ入れる」っていう感じがあるんですね、先生には。一ミリずつ。

松木　一ミリというより本当のところ、○・一ミリずつぐらいでしょうね。○・一ミリぐらいずつ入れていって、だんだんその亀裂が大きくなっていって、あるところでカタストロフィックなものが顕わになってくるっていう。

細澤　そこには創造的な意味合いがありそうだね。先ほど、松木先生は「発見が創造だ」みたいなことを言ったのだけど、今の話からすると、カタストロフィックな何かが創造的なんじゃないかという気もするね。そのあたりはどう考えていますか？

松木　いや、もちろんカタストロフィックなものが大事なんだけど、発見があるからカタストロフィックな何かが起こるのでしてね。さっきから言っているように、発見っていうのは○・一ミリずつ掘り進める中でようやっと「あっ」と見えるかもしれないものであって、金八先生みたいな芝居じみた感じのものが「発見だ」「解釈だ」っていう発想はそのモデル自体が間違っているというか、そんなもんじゃないっていうことです。

藤山　ひとつの解釈の力っていうのを大きく考えすぎるのはまずいよね。

細澤　そうですね、やっぱり日々の営みの中での解釈だよね。

藤山　逆に言えば僕は、一生懸命解釈をしようとしている人がいるということに大事な意義があるというふうに、その問題を言い換えてるわけです。

松木　藤山先生が実際に分析しているセッションに私はいたことはないからわからないんだけど、おそらく私のほうが解釈的なものを多く投与しているんだと思うんです。藤山先生のほうが少ないんだと思う。そういう実際場面での方法の細部に、今、お互い語っている部分の違いっていうのが出てきているのかなぁ、とは思いますね。

細澤　藤山先生は、持ちこたえるというところに力点があるからね。

藤山　結構、しゃべっていると思うけどね。

細澤　そうなんだ。意外だね。

藤山　結構しゃべってると思うし、しゃべって勇み足になったりすることも多いし。勇み足になってから、また何か動くとも思いますし。

精神分析のプロセス

松木　さっきから話している、精神分析のプロセスというものをどうとらえるか、そこのところが今の話の中に含まれていると思うんです。もう少しそのへんをクリアにしてもいいいような気がします。

細澤　プロセスってクリアにできるのかな。プロセスは自発的、自律的に動くものでしょう。

藤山　プロセスっていうものは、というか、精神分析で何が起こっているかは結局誰にもわからないんだろうと思います、僕は。その誰にもわからないということを前提にそれをやっているっていう。人生で何が起こっているかは誰もわかってない、でも生きているっていうのに似てると思います。

松木　プロセスっていうのは、患者が持ち込むプロセスがありますね。それに、われわれが関与していくところから分析のプロセスが展開していくという流れがあると思います。そこでの結果として、せめぎ合いが生じるように思うんです。

極端なことを言えば、患者が持ち込むプロセスっていうのは、反復強迫であるはずですね。それでわれわれは、それが反復強迫になるという、つまり無意識的空想の単なる行為的な繰り返しに終わるということではなくて、それが患者に意識的に認知されるというか、それがきちんと患者自身に知覚されることをわれわれは目指していると思うんです。そうすると、そこでせめぎ合いが起こるじゃないですか。そのせめぎ合いがプロセスを作るんだと思うんです。そして、そのせめぎ合いはどちらの側にも無意識の部分が関与しているから、どういうせめぎ合いになるかわからないわけです、われわれはね。

そこで、藤山先生がさっき言われた、なんだったっけ？

藤山　「途方に暮れる」？

松木　「途方に暮れる」。そこで途方に暮れるということが発生することになるのだと思うんです。だから、もしそこでどちらも途方に暮れなかったら、きわめて単純に反復強迫が起こっていて、でもそれに治療者のほうも気がつかなくって「それでよかった」ということにしちゃう……。実際、本質は反復強迫であることが起こっているんだけど、患者も途方に暮れない、治療者も途方に暮れないで、些末な変化をよいものと高く評価して「ああ、これでよかったんですよね」っていうことで、せいぜい七〇セッションとか八〇セッションで面接が終わっているようなケースをよく聞きますけどね。

細澤　そういうケースを事例検討会や学会で耳にすることがあるね。

藤山　そういうの、多いんですよ。それは、どこかでごまかしあっているわけですよね。えてして、健康度が高いといわれているような人で、少し自分がセラピーを受けて何だかわかっているような感じになっている人が、「途方に暮れる下手」っていうか、本当にはなかなか途方に暮れないんだよね。途方に暮れてるくせに暮れてないような顔をしているというか。結局、途方に暮れないということに、コンサルテーションをしたり、スーパービジョンをしているこっちが途方に暮れる、みたいなことが起きるわけです。

松木　それはありますね。

藤山　なんでこんなにこの人は途方に暮れないんだ、っていうね。本当はものすごい行き詰まっているのに、行き詰まっていないかのようにそこで何かを着々とやっている、というか、やっているつもりの人が多いわけですよね。それで、そういう人が患者とやっていると「ああ、よかったですね」って終わっちゃうんですよね。

細澤　なるほどね。松木先生がさっきおっしゃった反復強迫を持ち込んでせめぎ合いがあるというあたり、そこは僕もまったく同意します。そういう局面で、その反復強迫のパートナーにならず、その場でせめぎ合うっていう関係自体はそれこそ創造的な関係なんじゃないかと思うね。

松木　それがどうクリエイティブなせめぎ合いになるかです。難しいのは、単なるせめぎ合いになって消耗だけする（笑）

藤山　僕の感じだと、反復強迫であるっていうことは死んでるんだと思うんですよ。生きてるっていうことは、何か新しいことが起こるっていうことなんですよ。だから、持ちこたえるっていうことが生きることなんですよ。生きることにつながっていく。

松木　それは本当、たしかにそうだし、いい表現ですね。

細澤　僕も、ちゃんと生きていれば創造的な何かが生まれるっていうことだと思うんですね。反復強迫というかたちで、死んでいるものが持ち込まれて、それが創造的なものに変形するというのが精神分析臨床でしょう。

藤山　生きている人同士が本当に交われば、何かが生まれますよ。

料金の問題

細澤　さっき藤山先生が分析可能性の話のときに「お金をちゃんと払うかどうか」と言っていたよね。お金の問題は、分析臨床できわめて重要な事柄だと思うのだけど、藤山先生、もう少しそのあたりについて語ってください。

藤山　お金……まあ、設定だよね。やっぱり精神分析の方法って二つしかなくて、「設定」と「分析家」。言い換えれば、「もの」と「装置」、この二つしか方法がないと僕は思ってて。だから、「設定」ってものすごい大事だと思うんだよな。

あのフロイトの、精神分析治療の開始についての論文での「金のことをちゃんとしゃべれん、偽善的な野郎どもと俺は違うぜ」みたいなあの強い書き方っていうのはすごいと思いますね。あの強い感じっていうのはやっぱり、どっかですごくフロイトが憤ってたんだろうなって思うんですよ。その偽言的なものに憤ってたと思うんです。だから精神分析家っていうのは、なんて言うのかなあ、やっぱりちょっとは一般のこの社会の慣習とは違って、えげつなくあるべきでないかと私は思っています。

フロイトは、「患者の仕事は自由連想することと、分析家を養うことだ」って言ったんだよね。「分析家を食わせるのがおまえたちの仕事だから」って。

細澤　それはきわめてリアルな話ですね。

藤山　実際、そうなんだよ。そういうことを言うところが、えげつないと言われたり、誤解されたりするわけなんです。

細澤　えげつなくなくても僕もいいと思うけど……（笑）お金のことに関して、ちゃんと真摯な態度をとることは大事だと思う。というか、リアルな事柄から目を背けるべきではないね。

藤山　お金に対して真摯で率直な態度をとると、えげつなく思われちゃうもんだと思うんですよ、一般社会から見ると。

細澤　今の時代はそんなこともないように思うけど。「お金のことを言うのは下品だ」なんていう時代じゃないと思うけどな。そのあたりは時代が変わったようにも思えるけど、どうなんだろう？

藤山　いや、そうかなぁ。だって、あれだけフロイトが明確に書いているのに、キャンセルしたセッションの料金に対して患者が責任を取るっていうことは、普通の日本の臨床現場ではあんまりちゃんとしてませんよ。

細澤　別に、個々の臨床家が必ずしもフロイトの言う通りにしなくたっていいんじゃないの？

藤山　それはものすごく大事ですよ。

細澤　大事だけど、そういうふうにしない人がいたって別にかまわないんじゃないかな。臨床家がリアルなことから目を背けずに、自分の信念に基づいて決めればいいことでしょ。

藤山　いやいや、やっぱりそこはとても大事なことで、患者というものを、対等な一人の個人として考えていくっていうときにものすごく大事ですよ。

松木　お金っていうのは下品なものですよ。だから、下品な物を普通に扱える自由さを手に入れるというのも、ひとつの自由だと思う。

藤山　うん。

細澤　そのへんはよくわからないなあ。だけど、先生たちの世代はもう旧世代だから、その世代にとってはお金が下品なだけで、今の若い人にとってお金は下品なものではないと思うね。僕もお金が下品だという感覚はないよ。

松木　いや、そんなことはないですよ。たとえばアナライザンドの人で、お金をわれわれにくれるときに、やっぱり必ず封筒に入れてくれる人がいますよ。今の若い人であっても。

細澤　それはその人の問題で、若い人一般の問題じゃないと思う。

藤山　若い人でもいるっていうことは、別に世代で変わってないっていうことよ。そういうことを扱えない人はいっぱいいると思うよ。

松木　一般がどうあろうと、分析に来る人はそういう人なんだから。

細澤　それはわかるけど。僕が言いたいのは、お二人ほど、若い精神分析臨床家はお金が下品だと思ってないんじゃないかっていうこと。

松木　お金っていうのはウンコなんだから、普通に育った人にとっては下品に決まっているじゃない。

藤山　封筒のまま持ってきたら、どうするの？　僕は封筒のまま持ってきたら、すぐに解釈しちゃってるだろうし、まあ少なくとも「封筒で持って来なくていいよ、持ってきちゃうといちいち出して勘定するのが面倒くさいから」とは言うけど。

松木　私はそのままにしておきます。この人は封筒に入れて持ってきたいんだなと思って、別の素材が明瞭に裏づける何かが浮かび上がるまでそれだけを急いで扱うことはしません。ただ金額を間違えたりした人がいたら、「前回いただいた封筒の中身を見ましたけど、お金が足りませんでした」と言って（笑）

藤山　僕はいちいちお金はちゃんと確かめて、領収書出してるから。封筒入れたのって、どうしてもいちいち出すことになっちゃうから。「面倒くさいからやめようよ、紙も無駄だしね」って言えばもうそれでやめちゃうよ。

松木　でもね、封筒でもらうと面白いところがあるんですよ。お金が足らなかったりするじゃないですか。もらったときにその場で出して確認しないから、次のセッションのときに、たとえば「前回料金をいただきましたが、お金が足りませんでした」とか「封筒にお金が入っていませんでした」とかわれわれは言わなければいけません。

それ、違っていた、なかった証拠は何もないわけですよ。

細澤　証拠はないよね。

松木　この事態が、きわめて転移的な素材になるんです、結果的に。

藤山　そりゃそうだけど、でも料金なんだから、いちいちそのときに確かめるのが分析家の現実的な基本的機能ではないかと、僕は思ってます。

松木　だから、こういうことがあるとアナライザンドも封筒の中のお金を「確かめてくれ」っていうし、私も確かめるっていうことになったりするんだけれども……。でも、それはひとつのプロセスとして起こることであって、私は最初からいちいち確かめるようなことはしません。

藤山　結構ねぇ。封筒じゃなくて、むき出しにしてもね、間違ってたりね。千円札が多いよ、とか。

松木　多いと次のとき、お金を返しますね、もちろん。

藤山　僕はその場で「多いよ」って言いますけどね。

松木　だからその、多いって、やっぱり私はそこに転移が含まれていると思うんです。きちんと返すかどうか、誠実なのかを、アナライザンドはどこか無意識的なところで見ているんですよ。

藤山　そうそうそう。無意識的には、だから、こちらを測ってる。

松木　そう。だから、そこにはやっぱり卑しさの問題があるわけですね。「コイツは卑しいヤツじゃないか」「お金を余計にもらっても知らん顔してごまかすんじゃないか」との疑念が。もちろん、それは転移的な含蓄が濃くあるものです。

藤山　お金もらったあと、「ありがとうございます」って僕は言います。あたりまえのことですけどね。だけど「それは絶対に言わないでくれ」って怒る患者もいるわけです。「ありがとう」って言われたくないんですよ。僕からは。

細澤　お金を払っているのに「ありがとう」と言われたくないという気持ちはどこから来るんだろうね。

藤山　要するに、商売でやってるっていうことになるからっていうことなんですよ。その人は、黙って受け取って欲しいんですよ。

松木　わかる。私は必ず「ありがとうございます」と言う。

細澤　僕も絶対言いますよ。お金もらったら普通「ありがとう」って言うでしょう。

藤山　なんかほんと、お金っていうのは、なかなか面白いコミュニケーションを生むんですよね。

精神分析的臨床で生活できるか

細澤　臨床上は、患者がお金を払うことが転移的な素材となるという事柄も大切だけど、お金の問題は、治療者が精神分析臨床で生計を立てるという問題ともかかわっているよね。実際のところ、そのあたりについてお二人はどう思っているの？

藤山　食べていけます。いける。

松木　いけます。

細澤　あっさり言うね。多くのお金に困窮している臨床心理士が怒るかもよ。

藤山　そりゃ、年収三〇〇〇万や四〇〇〇万を狙えば無理ですよ。でも週三〇セッションやってごらんなさいよ。一年に四〇週でも、一二〇〇セッションでしょ？

僕は八〇年代のあたまぐらいから、構造化した設定の精神療法を病棟でやる以外は保険診療でやったことはほとんどないんですよ。八〇年代半ばからは一回もないと思う。それは佐藤紀子さんのところに行った影響だと思うんだけど、精神分析は「お金をもらってやるもんだ」みたいな感じがすごくあったんですよ。八三年に最初に土居先生のスーパービジョンのケースを診たときも、お金を取ってたんですよ。

どこでやったかっていうと、週一回、保険診療のクリニックに行ってたんですね。そこの院長に「部屋がなくて困ってるんだ」って言ったら、「じゃあ夜使っていい」っていうんですよ。僕、卒後五年か六年の新米ですよ？　夜誰もいなくなって、患者と僕と一対一になるのに部屋の鍵を貸してくれたんですよ。ものすごい信用してくれたんだというか、きっと冒険だと思ってはいても度胸が据わった人だったんだと思うんですよ。そこで週に夜二セッションか三セッション、やったんですよね。

八七年に、鍋田先生[36]が青山心理臨床教育センターをはじめたから、そこで一週間に

36　**鍋田恭孝**（なべた・やすたか、

一日部屋を借りて、そこで七セッションか八セッションに増やしたんですよ。そうしてそのうちに千駄ヶ谷心理センターの中村留貴子先生[37]のところの部屋を借りたんですよ。だから、それで週十数セッションできた。

細澤　でも、実際に精神分析的臨床だけで生活している人はそれほど多くないよね。

松木　いないですね。日本はほとんどいない。

藤山　できると思うよ。

細澤　さっきの藤山先生の計算に従えばできるはずだけど、実際に精神分析臨床だけで生活している人が少ないのはどうしてだと思います？

藤山　不安だから、副業でちょっと給料もらおうと思っちゃうからだよ。

細澤　現実にはできるはずなのだけど、不安があるから副業もするということ？　実際には、保険診療を使って精神分析的臨床を行っている人も少なからずいるよね。また、精神分析臨床以外の副業を行っている人も多数いるわけだ。

藤山　大学勤めたりとか、松木先生もずっとクリニックとか病院にいたわけだからねえ。

松木　結局、精神分析だけで生活は十分やっていけるんだけど、もう一方では分析だけっていうのは財政が不安定なんですね。たとえば、週四、五回来ている人の分析が終わってしまったら、その時間がガランと空いちゃって、その分の収入ががくんと減るわけです。そして、もしそのセッションを次の誰かの週に四、五回の精神分析に使

一九四七―）日本の精神科医。著書『変わりゆく思春期の心理と病理』（二〇〇七）『うつ病がよくわかる本』（二〇一二）など。

37 中村留貴子（なかむら・るきこ、一九四八―）日本の精神分析学者。共著書『今日の心身症治療』（一九九一）『女性と思春期』（二〇〇〇）など。

おうと思うなら、そのまま空けとかないといけないですね、しばらく。収入のために週一、二回の治療で埋めたら、週四、五回の分析の時間がもう確保できなくなってしまいますからね。そういう意味で安定度が悪いっていうのはたしかにあるんです。そのときに、保険にあたるようなものが必要でね。実際のところ、夫婦二人で過ごす分には精神分析の収入で事足りたのですが、子どもたちの養育・教育を考慮したところではある程度の安定した収入を確保することを父親として考えておく必要がありました。

細澤　そうすると、現実的には精神分析臨床だけで生活するのは結構困難なのだけど、できないこともないくらいの感じかな。

松木　精神分析家としての収入は、たとえば、医者としての収入だったら低いです。でも心理士の収入だったら多いです。

藤山　多いですよ。

細澤　患者がそれなりの数来ればでしょ。そんなに来るかなあ？

松木　それなりの数が来ればっていうか、われわれの治療は新しいクライエント、アナライザンドを次々に導入しなければならないものではありませんから。むしろずっと来つづけようとする人の終わりを検討する必要があることが少なくないですから。

細澤　お二人は「できるできる」と言うけど、精神分析的臨床を実践したい心理士はたくさんいるんだよ。その人たちが全員個人オフィスを持ち、経営が成り立つほどの数の患者がいるとは思えないいな。精神分析臨床をやりたい臨床家を全員食べさせることができるほどの患者はいないよ。お二人は有名だから、患者自ら精神分析を求めてアクセスしてくるし、他の臨床家の紹介もあるだろうけど、僕も含めて他の大多数の臨床家はそうはいかないんだよ。

藤山　僕は結構、掘り起こし方次第だと思うんですけどね。僕は若いときはそんな有名なんてもんじゃなかったけど、一回も自分の枠が空いて困ったことはないですよ。

松木　供給が需要を作るっていう部分もあるわけだから。今はまだ供給に関するオーソドックスなルートが組織的に多岐に形成されたり、それが広く認知されているとは言い難いところなので、つまり精神分析治療を提供する人たちの作るギルド的組織の集合体といったものがいずれ必要になるのでしょう。そこで治療職人の質の管理と需要への窓口を開くのです。イギリスでは広く流派を収めたカウンシルが作られています。そういう意味では供給が需要を作る余地はまだ十分あると思うんです。ただ、あんまり供給したら供給過剰になるかもしれない。

細澤　それは弁護士を増やし過ぎて失敗したみたいな話だね。

藤山　だってロンドンには何百人も分析家がいるんですよ？　それでみんな食べてるでしょ。患者、来ているってことですよね。日本は分析家何人いますか。東京に何人いますか。あと何十倍かの分析家を増やしても食っていけるんじゃないかと思います。

細澤　日本とイギリスは制度が違うでしょ。

松木　イギリスなんかでも、精神分析家が診ているのは、週五日のケースは三、四人で、あとは週に二〜四日の分析的なサイコセラピーのケースという状況が多いようですね。イギリスは今、分析家はどれぐらいいるのかな？　五百人ぐらいいるのかな？　その倍の数ぐらい、分析的な精神療法家、心理療法家がいるわけです。さらに分析的なカウンセラーもいるし、それだけの需要がある。このあいだドイツの分析家と話したけど、ドイツには分析家が四千人いるらしいです。それでなぜ、ドイツはそれが成り立っているかっていうと、国が精神分析にお金出しているんです。最初の二百セッションだったか三百セッションだったかな、その間は国が補助します。

藤山　保険だね、保険的なものだよね？

細澤　そういうよい制度があれば精神分析臨床で食べていくこともできるだろうね。僕も、理屈では食べていけると思いますよ。でも、現実には困難だと思っています。そして、現実に精神分析業界のお偉いさんが精神分析臨床だけで生活していないくせに、「それだけで生活できますよ」というのはあまりにも無責任だなと思うね。

藤山　分析だけで食べられると思いますよ、私個人は。

細澤　そう言うけどね、「できる」と言う権利があるのは、現に精神分析臨床のみで生活している臨床家だけだと思う。保険をかけている人が「できる」と言っても、全然説得力がないよ。

松木　まあ、言っていることは、ある意味その通りだと思う。私もやっぱり分析だけで働いている人がある程度の数いることは、今の日本で大事だと思う。

藤山　だから、プライベート・プラクティスを持ちこたえて、それで食っていけるくらいになることは大事ですよ。僕だって結構意地になってやっているわけです。大学の給料と同じくらいは稼いでると思う。それは意地になってやってます。途中、十時から十七時まで大学に行ってるけど、朝と夕方はオフィスで仕事してますから。そういうことをやる人が増えてほしいと思いますね。そうでなきゃダメなんだよ。もっとちゃんとやる人が。開業している人が増えないといけないとは思います。

細澤　精神分析臨床のみで生活できるというモデルが登場しないとだめなんじゃないかな。しかも、精神分析のビッグネームではなくて、普通の臨床家がそれで生活しているということころが示されないとね。また、地方差もあるよね。藤山先生の話は東京だから可能だということもあると思う。

藤山　しょうがないよね、それは。都市の文化ですからね。

細澤　精神分析はお金と時間に余裕がある人しか受けられないからね。それは大都市の文化だよ。関西くらいの都市ではかなり難しいという現実がある。ちなみに福岡では可能なんですか？

松木　可能ですよ。僕は京都大学へ行く前は福岡でやっていたから。

細澤　松木先生は有名過ぎるからね。松木先生のところに福岡中の分析可能性を有する患者が全員集まっているんじゃないの（笑）

松木　そんなことあるわけないじゃない（笑）　私のところに来ていた人たちには大

阪からとか四国からとかがおられましたから、福岡限定ではなかったですが、それが精神分析というものだとも思っていました。求める人にとって地域はあまり関係ないというのか。それで、生活はできる状態でしたよ。

細澤　実際、僕の知っている人でオフィスを開業している中堅の臨床家が関西に何人かいるけど、みんな、何とか赤字にならない程度がやっとだよ。生活費は副業で稼いでいるのが現状です。それでも彼らは志と理想を持ってやっているので、がんばっていて欲しいなと思う。今後、普通の中堅の臨床家が主として精神分析臨床で生活するというモデルが必要だね。

松木　それはたしかに大事。言っていることはよくわかる。日本はそれが必要だと私は本当に思いますね。プライベート・プラクティスだけでやっている人っていうのが。

カウチ、あるいは分析の空間

藤山　日本はカウチがあんまり流行ってないのかな？　流行りはじめてるのかね、最近。

松木　カウチは流行っているんですけどね。私が精神分析の臨床に取り組みはじめてまもないころは周囲にカウチを使っている治療者はいなかったですね、前田重治先生を除いては。私の働いていたところでは、カウチを使うとか言語化できない空気もあった。なんていうのかな、ただそうなると、ややもするとカウチが理想化されすぎてしまいやすいんだな。

藤山　そうだね。

細澤　たしかに、一昔前に比べて、カウチの設定については事例検討会や学会でよく耳にするようになったね。その中で、若手や中堅の中にカウチの理想化という現象が起こっているように思う。そのあたりについてのお二人の意見が聞きたいね。

藤山　僕はね、週に一回のセッションをカウチでやるのは難しい人は多いと思うんだよね。いい人もいるけど。やっぱり回数との兼ね合いはいつも考える必要あると思うよ。やっぱり。

細澤　藤山先生の基本的考えはその通りだと思うので、まずは松木先生の「カウチを理想化するな」論を語ってもらおうか。

松木　カウチを使って精神分析的な治療を行うことは、基本的には私は賛成です。それが精神分析的な治療である以上は、精神分析であるための重要な設定ですから。

細澤　やはり、臨床において設定は特に大事だものね。

松木　うん。やっぱり設定が大事だから、カウチが使えるかたちでやろうとすることは大事だとは思うんですけど。ただ、カウチを使ったらそれであたかも精神分析がうまくいくかのような、そういう発想になりやすかったりすること、また、あまりにカウチが精神分析の象徴として格別におごそかな物であるような気分があって、実践している人自身がなんか変にカウチを理想化していることです、たとえば西欧家具のとても高価そうなカウチを買って置いているとかがね。

藤山　うん。そうですね。

松木　分析はわれわれがするのであって、カウチが分析するわけじゃないんだから。ニトリで買ったってどこで買ったって一緒のはずなんだけど、妙に神聖なすごいものであるかのように位置づける雰囲気っていうのはちょっとまずいなとは私は思っているんですけどね。神具にしてはいけません。

細澤　藤山先生は、そのへんにこだわりがありそうだよね。藤山先生はニトリじゃダメだ派でしょ。

藤山　うーん、いやでもやっぱり、ニトリでは買おうとは思わない。あんまり好きくない。ニトリは。

細澤　藤山先生は、調度品とかこだわりがありそうだよね。藤山先生のオフィスは、藤山先生の雰囲気を表している感じがするからね。藤山テイストがかなり濃厚だと思うよ。

藤山　いや、そうでもない。最初はソファベッドだったじゃん。でもなんか、古道具屋でいいな、と思ったのを見つけたから買ってきちゃったけど。

細澤　僕はカウチという設定に対するこだわりはあるけど、カウチ自体にはあまりこだわりはなく、要は横になれれば何でもいいんじゃないかと思っている。そこは松木先生に近いかな。

藤山　一番大事なのはちゃんと横になっているっていうことだと思います。あとは、高さが適切である、とかね。それから、僕はなんとなく、やっぱり分析家が生きている、住んでいる部屋に患者が来る、っていうことが大事なんじゃないかと思っていますね。居心地のいい空間にいる分析家を訪ねて来るっていうことです。生き生きとそこに分析家が生きているということです。まあそこで、居心地の悪い事態が発生するのはもちろんです。でも、最終的には「分析家にとって居心地のいい」という空間の環境が実現しているっていうことは大事ではないかなとは思います。

細澤　僕も「居心地のいい」空間という考えには賛成だな。僕の実感としては、居心地がいいというより、そこにいると落ち着く空間、自分の空想に没頭できる空間といったイメージだけど、藤山先生と言葉は違ってもおおよそ同じことをイメージしているんじゃないかな。

藤山「患者が来ないときでもなんとなくそこにいたい」「そこにいるのが楽だ」と分析家が思えるふうに、部屋がなっているほうがいいんじゃないかと思うんですよね。そうじゃないとなんかいやですね。私は自分のオフィスにいることが一番落ち着きます。殺伐としたところに長い時間いる気がしないんですよね。僕は。

松木　たしかに、そういう面接室というか分析の場が、訪れてくる人にとって特別な場になる必要はあると思うんです。それにはその部屋がどういう雰囲気、空気感か、どういう物品があり配置されているか、それらが関係すると思います。

藤山　所帯じみているのはいいと思わないな。たとえばね、あんまりキッチンとかが見えたりするのはいいとは思わない。私はコーヒーを沸かしたり、カップラーメンを作ったりするのも好きじゃない（笑）なんか火を使って煮炊きをすると、部屋の匂いが変わってしまう気がするんですよね。

細澤　分析の空間は、日常生活と非連続的なほうがいいね。精神分析が扱うものは空想だからね。コーヒーの匂いは結構強いし、残るからね。

藤山　匂うし、なんかちょっと所帯じみている感じがするんですよね。だから僕は、飲み物は買ってきて飲んでいるわけ。煮炊きはしない方針なの。

細澤　僕の分析体験からも「分析的臨床家がいる部屋に訪れる」っていう感覚も精神分析の設定のひとつのように思う。

藤山　プライベート・プラクティスっていう文化が、もう少し日本に根付くといいと思うんだけどね。

細澤　今の藤山先生の話だと、オフィスは自前のオフィスが望ましいということになりそう。何人かの臨床家が共同でオフィスを持つということもよくあるけど、それについてはどう？

藤山　ケースが集まらない若い人が、みんなで集める、やるっていうのは、そう悪くはないのかもしれないけれど、最後はやっぱり一人だと思いますね。私だって一九九九年に開業したころは時間が埋まってないから「この曜日を誰かに貸したほうがいいかな」とか、そういうさもしい考えも浮かんだけども、やっぱりヤダと思ったな。

細澤　そのあたりについて松木先生はどうですか？

松木　たとえば三人か四人でひとつの部屋をシェアしているとしても、やっぱり、それぞれのセラピストも加えて面接でのその場の空気ができると思うんです。アナライザンドにとっては、そのセラピストがいつもいるのがその面接室であって、そういう意味では分かち合っていても、精神分析の関係として十分そこが独自の部屋になると思いますね。

細澤　松木先生の意見だと、特定の分析家だけが使用する部屋ではなくてもいいのではないかということみたいね。

松木　そうですね。おそらく、藤山先生はかなりパーソナルな色合いもある、そういう分析室の作り方をされていると思うけど、私はそれはあまりないような気が自分ではする。

細澤　松木先生のオフィスは、藤山先生のオフィスがいかにも藤山的であるのと比べると、あまりパーソナルな雰囲気はないよね。

松木　うん。ただ、絵を飾ったりするから、それには自分の好みが出ちゃうんだけど。絵とかカーテンとかでは出るけど、置いている家具とかはあまり好みの出ないものを置いていているから（笑）

藤山　僕だって高いのは全然置いてないよ。

細澤　家具が高いとか安いの問題じゃなくて、松木先生は自分の好みの家具をオフィスに置かないということだよね。

松木　うん。

細澤　藤山先生は、自分の好みの家具をオフィスに置きたい人だよね。そのほうが居心地がいいという理由からかしら？

藤山　やっぱり、そこに患者がいないときにずっといても、なんとなく自分の好きな部屋にしておきたいんだよね。ただ、相当考えてはいるつもりなんですよね。あんまり変なもの、というか個性的なものをおかないようにしているつもりなんですよね。ある程度の水準でおさめるっていうか。それは、僕はツイッターをやっているけれども、やるにしてもそこではここまでしかしゃべらない、みたいなことを自分では決めているつもりなんですね。そういうのに近いけど。

細澤　なるほどね。たしかにあまりにパーソナルなものが出過ぎてしまうと臨床的に問題だろうね。

藤山　フロイトという、あーんなに好みを押しつけるようなあの部屋が世の中にあったわけですから、精神分析があそこからスタートしてるってことから見れば、僕の部屋はそれほどではないと思うから。

松木　あれはまずい。あれはちょっと酷いね。完全に自分の好みだけで部屋作っているし、しかも犬まで入ってきてたんだから（笑）フロイトの部屋は、神経内科医としてもともと開業している診療室だから、それをふまえて本人のプラクティスのやりやすいようにしていたっていうことでしょう。あの時点でフロイトは、匿名性とか、そんなことは何も考えてなかったところでもあるでしょうからね。

藤山　といっても、本とか書いちゃったら本当はもう、匿名性は確保できないですけどね、厳密な意味では。

細澤　僕は今、自前のプライベートオフィスを持っていなくて、他の臨床家と共同でオフィスを使用している。共同で使用するオフィスはどうしてもパーソナルな雰囲気を醸し出すことがないので、何だか素っ気ない感じだね。それで精神分析臨床がやりにくいということはないけど、藤山先生のようなパーソナルな営みという感覚が僕にも患者にもやや生まれにくいところはあるのかなと思う。こういう話をしていると、僕も自前のプライベートオフィスを持ちたくなったな。

精神分析と心理学

細澤　少し話題を変えて、精神分析と心理学ということに関して聞きたいんですが、あまり大きなところで語り合うと、批評みたいな感じになって面白くないので、リアルなところで語って欲しいと思います。まずは、お二人は臨床心理士の資格を持っているわけですが、いかなる理由で臨床心理士の資格を取得したのか、動機について話してください。

松木　精神分析っていうのは当然ながら精神医学だけのものではなくて、他の職種としていろいろ仕事している人たちが精神分析を学んでいいわけだから、臨床心理の分野の人たちにかかわる機会として資格を取ったんです。ちょうど臨床心理士の移行時期の最後にあたるときじゃなかったかな。私の考えからいけば、ソーシャルワーカーの人だってもちろん、精神分析に入ってきていいわけだから。もちろん看護師の人だっていいと思うし。精神分析とはそういうものだということですね。

藤山　僕もそうですけどね。まったく同じですね。日本の精神分析協会側の人は臨床心理士と医者だけに限っているのはいかがなものかと思うんですよね。

細澤　そりゃあそうだよね。

松木　やっぱり私は、心理学というものの中核は精神分析だと思っているから（笑）そもそも心理学としての精神分析というのが、精神分析に初めて出会ったときの私の位置づけでしたし。当然、臨床心理学の中核は精神分析だと思っているわけです。その意味で、臨床心理士の資格を取るというのは当然というのが私の感覚です。藤山先生はどうですか？

藤山　僕は九〇年代のはじめ、スーパービジョンをし出したころに「先生が臨床心理士の資格があったほうがスーパーバイジーにとって便利だ」ということを言われた記憶があるんですよね。あのころはたしか帝京大にいたと思うんだけれど、どこに就職するのかなということが問題になっていて、心理系の大学にも行きやすいほうがいいのかなとか、いろんな理由で取ったんだと思います。だけど、その後僕が上智大学の心理学科に赴任してみると、やっぱり心理学という学問の本質は精神医学と同じように、本質は実証主義、実証科学だったわけですよね。

細澤　そのころから、すでにそういう状況だったんだ。

藤山　すでにというより、最初から心理学はそういうものでしょう。伝統的に心理学科の学生は二年生になったら研究法実習といって、統計とか質問紙とか、面接法とか観察法とか。毎週毎週いろんなことやらされて、毎週毎週レポート書いて、まる一年すごく科学的な訓練をさせられる。それがいわゆる心理学という学問の中心なんですよ。心理学は要するに実証主義。だから精神分析に来る人は、心理学の中のかなり変わり者である、と。精神科医で精神分析に来る人は変わり者であるのと同じだ、という考えに立っているんですよ。

細澤　藤山先生は、松木先生のように、精神分析こそが心理学の中心であるとは思ってないってこと？

藤山　心理学を一般名詞的に人間の心理を考える営みの中心であると考えれば、精神分析はその王道だとは僕も思う。ただ、ドイツの大学からスタートしたヴント[38]以来の、いわゆる心理学の潮流の中では精神分析っていうのは心理学じゃない。精神分析は実

38　ヴィルヘルム・マックス・ヴント（Wilhelm Max Wundt, 1832–1920）

証主義じゃないから。なんでも数に換算されないと実証主義じゃないから。数に換算するんだよ、心理学っていうのは。だからアメリカなんかは結局、心理学科出たら大学院に行って、博士課程終えてどんな治療的な手段を得るかというと、一番実証的な認知行動療法になっちゃう。それがメインストリームだけどそれじゃ飽き足らないっていう人が絶対出てくる。精神医学もそうでしょう。僕の大学なんかでも何年かに一回、スピンアウトして精神分析のほうに来る人が出てくるわけじゃない（笑） 精神分析はそういうはぐれ者なんですよ。でも精神分析は精神医学と心理学、どちらにもすごい大きな刺激を与えてきた。エリクソン[39]だってボウルビィ[40]だって教科書には発達心理学者のように書いてますけど、こいつら分析家なんだよ、と言いたいんだけどね。

松木　藤山先生の言われる実際の流れはそうだろうなと思うんですけどね。私たちは医学のトレーニングを受けているじゃないですか？　その上で「こころ」にかかわる心理学に入ったときに、いわゆる実験心理学とか認知心理学というのは「これはこころではなく、脳神経を研究している神経生理学の一部じゃないか」と私は見るわけです。それならば、それはやはり神経生理学であって心理学ではないっていうのが私の考えなんです。だからなんでこの人たちが心理学としてこういうことをやっていて、基礎医学に行って神経生理を徹底研究しないんだろうと。それが不思議でたまらない。

藤山　心理学者の中には神経生理みたいなことやっている人多いですよ。

松木　うん、だから神経生理学ですよ。脳の機能を研究している。脳っていうのは神

ドイツの生理学者・心理学者。心理学は経験科学であるとし、実験心理学の父と言われる。著書『体験と認識』（一九二〇）など。

39 **エリク・ホンブルガー・エリクソン**（Erik Homburger Erikson. 1902-1994）　アメリカの発達心理学者・精神分析家。「アイデンティティ」の概念を提唱した。著書『幼児期と社会』（一九五〇）『ライフサイクル、その完結』（一九八二）など。

40 **ジョン・ボウルビィ**（John Bowlby. 1907-1990）　イギリスの精神科医・精神分析家。メラニー・クラインのスーパーヴィジョンを受け、愛着理論をはじめとする早期母子関係論を提唱した。著書『母子関係の理論』全三巻（一九六九／一九七三／一九八〇）など。

経なんだから、その研究領域は神経生理学であって、それを心理学にトランスフォーメーションするのが私はおかしいと思っているんですけどね。やっぱり「心理」というのが本当にこころを対象にしているなら、こころっていうのは神経と違う、いわば多様な主体的空想（という主体の事実）の集合だというのが私の感覚的位置づけなんですけどね。

藤山　主観的なこころでもって主観的なこころをつかまえるということが学問なのだっていうふうに正面切って主張しているのが精神分析なわけで……。心理学はやっぱり「こころは客観的に、実証的に見にゃあいかんぞ」って言っている人たちなんですよね。日本の臨床心理はそういう実験系と闘っていた歴史の中で突然河合隼雄[41]というカリスマが出てきて、一気にそちらに行っちゃったから、また独特な歴史があるんだろうけれど。

細澤　僕は、その河合隼雄のいた京都大学出身なんだけど、京都大学には、文学部の心理学と、教育学部の心理学があったわけです。僕は文学部にいたので、文学部の心理学の人と付き合いがあって、彼らは厳密な科学を目指していたね。彼らは、「臨床心理学は学問ではない」と言っていたな。

藤山　東大文学部の心理も生理学的な方向とか、社会心理学とか、非常に科学的にやっていこうっていう人たちですよ。

細澤　その当時は僕も臨床心理学のことがあまりよくわからなかったこともあるけど、

41　河合隼雄（かわい・はやお、一九二八―二〇〇七）　日本の心理学者・心理療法家。元文化庁長官。京都大学名誉教授、国際日本文化研究センター名誉教授。日本におけるユング心理学の第一人者。著書『ユング心理学入門』（一九六七）『コンプレックス』（一九七一）『無意識の構造』（一九七七）など。

僕自身も、哲学科だったということもあり、「学問というのは厳密であるべきだ」という思いを強く持っていたな。僕の知っている範囲でも、たしかに文学部系の心理学のほうが、教育学部系の心理学と比べるとかなり厳密な思考を用いていたと思う。まあ、ただ、哲学系の生意気な学生からすると、文学部系の心理学は自然科学的方法論を取っているので、思考の厳密性には欠けるなと思っていたね。臨床心理学はそれよりもさらに論理が粗雑だと思っていたなあ。

松木　だから、心理学を今日風な学問にしようとするからそういう発想になってしまう。

細澤　でも心理学って学問だよね。「サイコロジー」っていうぐらいだから。

松木　知識が蓄積されたから結果的に「学」がついているだけであって。もともとこころというものがあって、それをどう理解してどうかかわるかっていう、今日でいう臨床活動が本体なんです。そこに、形式的な客観性を施せば今日風な学問になると賢い人が気づいて、学問にして社会的格上げをしてたくさんの人を養えるようにしたというのが人間の知恵なんでしょうね。

細澤　藤山先生はよく「精神分析は精神分析であって精神分析学ではない」と言うけど、僕もやっぱり精神分析も臨床心理学も学問ではないと思うんですよね。両方とも臨床の知だよね。エビデンスを否定するわけではないけど、エビデンスがなくても真実はあるからね。

この辺りで最初の話に戻そうか。僕が臨床心理士の資格を取った理由は、自分が人のこころを扱うプロフェッショナルであるという意識を持っていたからなんだよね。精神科医も本来は人のこころを扱うプロフェッショナルのはずなんだけど、お二人の若いころと違って僕が精神医学の教育を受けた時代は、ＤＳＭがそれなりに臨床現場で確立していて、精神医学の本流は生物学であり、社会学的精神医学はエビデンスがあるからまだよいけれど、心理学的精神医学の命脈は風前の灯みたいな時代だったわけ。僕は、幸いにも、偶然、神戸大学の精神神経科に入局して、そこに中井久夫教授がいて、精神療法が大切だという文化を初期に体験したのだけれど、関西の他の医局出身の若い精神科医と話したら、「精神療法って何？」みたいな雰囲気だったね。

藤山　「聞いたことないよ」っていう感じがあるよね。

細澤　「精神療法やっている人なんて見たこともない」っていう人が結構いたんだよね。精神医学が生物学や社会学がメインになって、大学にいる精神科医は、実験や統計をやっているという状況のなかで、僕は臨床にしか関心がなかったわけ。その中で、人のこころを扱うということをきちんと考える文化に触れるために臨床心理士の資格を取ったんだよね。しかし、臨床心理学の世界、特に大学院に参入してみると、医学部と同じ状況だった。

藤山　臨床心理のプロパーの人なんかは、精神分析を臨床心理の一分野だと誤解しやすいし……。精神科医も、精神分析を精神医学の一分野だと誤解している人が多いけどね。実態の違うものがあって、それは相互に交流しているというか、そういうふうにあまり思われてないような感じがあるんですよね。もちろんプラスの交流もあればネガティブな交流もあるんだけど。精神分析っていうのはやっぱり独自のものですからね。独自の訓練と養成のシステムを持っているわけで、大学に依拠していないっていう点において、精神医学・臨床心理とは全然違うわけです。

精神分析と精神医学

細澤　ところで、松木先生も藤山先生も、自分自身を臨床心理士として規定していないよね。お二人ともそこにアイデンティティがあるわけじゃないと思うけど。

藤山　精神科医としてはある程度規定していますけど。臨床心理士としては規定していないかな。でも分析家として規定はしてる。

松木　私はまず第一に分析家として自分を規定していて、そこに付着しているものとして精神科医や臨床心理士というものがある感じです。だから精神科医にもアイデンティティがあるわけじゃないですね、私は大学を卒業するときには精神科医になる気がまったくなかったですから。

細澤　そうなると、今現在、松木先生は自分を精神科医と規定していないわけね。

松木　まず精神分析を勉強したいという思いがあったんですけど、福岡大学の精神科に行ったら「入局しないと教えない」と言われたから（笑）そこで「入局します」と言って精神科医になったわけです。大学のときにポリクリでいろんな臨床科をまわりますよね？　そのときに「精神科はいいな」とはまったく思わなかったですね。私のいた大学は大脳病理学をやっていて、スキゾフレニアの人の脳細胞を染色研究しているところだったから「今に至って、こんなことして何になるんだ？」って思っていたから、私はまったく精神科医になる気はありませんでした。臨床の方法もなかったと思います。

細澤　それでは、医師としてはどうなのかな。松木先生は、成育歴からすると、医師という資格を持っていることに関する想いは強いんじゃないかなと想像するけど。

松木　家がたまたま開業医で、跡を継ぐという立場におかれていたから医学部に行ったんであって、そうじゃなかったら医学部を選択することはまずありえなかったと思います。結果的に、それが精神分析を学ぶのに非常にいいポジションを与えてくれたところは幸運といいますか、わが身が置かれていた境遇と周りの人たちに感謝すべきところです。

細澤　そうなんだ。松木先生には、医師としての自分に対する強い思い入れはないわけね。

松木　やっぱり患者を診て、患者や家族に「この医者でよかった」と言われるような技術と度量を持つ専門家としてのあり方はしたいと思ったし、結果としての充足感っていうのかな。専門家としてのやりがいが得られる職業という意味では非常に満足できる職業だなと経験的に思っていますね。だから言い換えれば、医者として働くときの自分への要求水準はかなり高くて、治してなんぼの仕事だと思っています。どうしたらこの人が治るかと治るための核を探ります。

細澤　そうなると、松木先生の中では、医療と精神分析臨床はまったく別物なのかな?

松木　そうですね。医療っていうのは、治さないといけない。「治す」って何かというと、苦痛を減らしてやらないといけない。患者の苦痛を減らすのが医療の仕事だと思うんですよ。それは精神科じゃなくても、外科も内科も、医療の発想はそうだと思うんです。

でも、精神分析は何にかかわるかというと、「生きにくさ」にかかわるんだと思います。その人の持つ「生きにくさ」を一緒に生きて見つめていくというかな。それが精神分析だと思うので、医療と精神分析は本質的にターゲットが全然違うと思っています。ただ、精神科の患者というのはいろいろな症状を抱えているわけですね。症状っていうのは「生きにくさ」を含んでしまうじゃないですか、必然的に。だから精神科領域の患者が精神分析の対象になる、精神分析を必要とするということが起きるんだと考えます。

細澤　基本的には別物だけれども、入り口としてはつながってくることもあるということなの？

松木　そうそう。重なるところはあるんです。だから薬でサッとよくなる人、本人もそれでいいと思う人は精神分析はいらないわけです。でも実際のところ薬で十分によくなる人って三割か四割だと思うんですよ。あとの精神科の患者の五割六割はちょっとよくなってもそこから全然よくならないとか、よくなってまた悪くなる人生です。そこにやっぱり「生きにくさ」があるわけだから、その人たちが精神分析を求める、あるいはわれわれが精神分析を提供するというのは当然起こってくることなんだろうととらえていますけど。

細澤　なるほどね。その点に関して、藤山先生の考えを聞かせてください。藤山先生は自分を医師、さらに言うと精神科医として規定してるんだよね。

藤山　僕は最初から精神科医になろうと思ったから、自分が「医者」っていう感じはあんまりないんです。精神科医だとは思っているんだけど。早い話が、自分が人の命を救ったり、人の命の長さを長くしたりするみたいなことについて活動できるとはあまり思ってない。だから飛行機の中で「お医者さんいますか」って呼ばれても絶対にいかないし。余計事態がこじれるに決まってる（笑）

細澤　（笑）藤山先生は、医師というより、あくまで精神科医なわけね。

藤山　うん。精神科医をやってて、だんだん精神分析に近づいてきたわけですよ。若い精神科医だった僕の周りにパーソナリティ障害の人がなぜかいっぱい集まるという現象があった。「こういう人と付き合うには薬だけじゃどうにもならないけど、どうしたらいいんだろう?」ってことからスタートした。最初のころは精神療法を普通の外来でやってたけど、そこで保険でやったケースと自費でやったケースを比べると自費のケースのほうがうまくいくっていう感じがすごくありました。

だから、精神分析的なことは医療の枠組の中でやるよりもプライベート・プラクティスでやるほうがいいっていう感じが強くなっていって、精神分析家になったと思いますね。精神分析家になってみると、力動的精神科医になろうともがいている人たちは自分の過去を見るような感じで、「少しでも援助しよう」という気持ちになる。日本精神神経学会で精神療法の教育の委員会を担当しているのも、今は「精神分析なんか知らん」「精神療法なんか知らん」とか、「マニュアルでやりゃいいじゃないか」みたいな人が増えすぎてることに、僕の精神科医部分がうずいているからです。こんなことじゃ精神医学はどうなるんだろうと思う。一定数は本格的に精神分析のほうに来るとは思うけど、そうでない人も少しは患者の気持ちを考えるような精神科医になってもらいたいと思うわけですよ。

細澤　藤山先生は、精神分析的な観点というのは、精神医療の中で応用されるようなものではないと考えているの?

藤山　いや、ありうるとは思うよ。森田療法の観点とか、認知行動療法の観点とか、いろいろあるけど「患者と関係を作る」ことにコンシャスになると、おそらくいろんな観点の中で精神分析的・力動的な観点は一番使いやすい観点だとは思います。逆に言えば、研修医や若い人たちが力動的精神療法の教育を受けると、精神科医としてのスキルが上がると思うよ。自分を内省するとか自分の気持ちや自分のこころの動きを使うとかに目が向くし、患者が自分にどう感情を向けているか、モチベーションはどうなのか、治療の設定への反応として何が起こっているのか、そういうことを考えるようになるからね。それはいいことだと思います。

細澤　うんうん。しかし、藤山先生にとって、結局は精神医療と精神分析は別物なわけだよね。

藤山　かなり別のものって感じですけどね。精神分析っていうのは、ひとつのまとまった文化なんだよ。それがどう精神医学と交流するかという話ですよ。だって別物でしょ？　医学っていったら生物学の応用科学だよ。やっぱり。

細澤　なるほどね。僕はお二人と違って、自分は精神科医であるというアイデンティティを強く持っている。僕は、そもそも、精神医療というものが松木先生の言うような苦痛を取り除くものだと思っていないんだよね。僕は、精神医学は、身体医学と異なり、薬物療法もするけど、基本は人のこころを扱うものだと思っているので、精神医学と精神分析は別物ではなく、基本的なところでつながっていると思うな。

松木　でも精神医療に来ている人は「医療」に来ていて、それは苦痛を軽くしてもらいに来ているでしょう？

細澤　それを言うなら、精神分析を受ける人の中にも、最初は苦痛を軽くしてもらうことを期待している人がたくさんいますよ。

松木　そういう人もいるけど、そうじゃない人もいるじゃないですか。精神分析に来る人の場合はね。「生きにくさ」「生きづらさ」は苦悩であって、苦痛という感覚とはかぎらない。でも精神医療に来る人は、苦痛を軽くしてもらいたい人以外来ないんじゃないかな？　苦悩からどこに行っていいかわからなくて、とりあえず精神科に来ましたという人に出会うこともありますが、この方たちは精神分析等に行くほうがよい人たちが道に迷ったんです。だから、精神科医の中には病気じゃないと拒絶する人が少なくない。

細澤　松木先生の苦痛と苦悩という話は理屈としてはわかるけど、現実の事態はそんなに単純ではないでしょう。そのような二分法は表面的で臨床的ではないと思うね。問題は、扱う対象ではなく、臨床家の基本姿勢だと思う。僕は、臨床精神医学においては、精神分析が基本なんだと思っている。基本が共通しているわけだから、別物とする必要はないと思うな。世の中には力動的精神医学を看板にしている精神科医が少なからずいるわけです。精神分析実践としてプライベートオフィスでの実践はまったくしてないけど、精神医療の枠組みの中でやっていて、精神分析学会でそれなりの地位を築いている人はいるわけですよね？　だから医療の枠組みの中で精神分析臨床ができないこともないんじゃないかって思うんですけどね。

松木　できますよ。医療の中で当然。

藤山　そりゃできないことはないですよ。すごく、やりにくいと思うけど。

細澤　やりにくいというのは、やはりかたちにこだわっているからだと思うな。エッセンスを実践するという姿勢ならやりにくいこともないと思う。転移を読んで、それを解釈するみたいな営みを積み重ねていくのは難しいと思うけど、普通の精神医学の臨床の中でも転移を解釈する瞬間はあるよね。外来治療という設定の中で関係性を扱うこともそれほど特別なことではないと思うな。

松木　うん。ある。当然あります。

藤山　それはしょっちゅうある。ただその瞬間、自分が「精神分析をやっている」って言っていいかどうかはなかなか微妙だな。

細澤　僕は、それを「精神分析的臨床だ」って言っていいと思っている。このことは、結局、さっきも議論した、精神分析と精神分析的心理療法は同じものか、異なるものかという問題と絡んでいるね。お二人の話を聞いていると、お二人は結局、それは異なるものだと言っているように聞こえるね。

藤山　いや、僕は前から言っているように、精神分析の定義は操作的なものだよ。週三回と週四回を区別するのは単に便宜上のことでしょう。

細澤　でもね、藤山先生の言うように、名称の違いが操作的なものであるならば、構造化されたセラピーと構造化されていないセラピーの違いも操作的なものと考えてよいことになるよ。そうなると、またもや何が精神分析なのかという問題に逆戻りだね。

藤山　構造化がなされるかどうか、は操作的な違いではない、本質的なことだと思う。そういう構造化された設定の中で患者とセラピストの間で動いている営みの特殊な様態というか、特殊なありようが精神分析なんだろうと思う。本質的にはね。だけど、こういうものって非常に主観的なものだから、それが精神分析かどうかっていうことをその瞬間にわかるのは二人だけなんだよね。

細澤　それはそうだよね（笑）　だから週四回カウチで自由連想を行っているけど、それは精神分析とは言えないという代物もいくらでもあるわけだよね。そうなると、誰がそれは精神分析であると決めることができるの？

藤山　うーん……決める必要あるのかな。なんのために決めるの？

細澤　だからね、決める必要がないならば、僕がさっき言ったように、精神医療の中で精神分析が可能だと考えてもよいことになるよ。

藤山　可能なんだけど、松木先生もさっき言っていたように精神医療の目標っていうのは精神分析の目標とはまたちょっと本質的に違うんじゃないかなって思うんですよ。

細澤　お二人の中では、精神分析の目標と精神医学の目標が違うわけだよね。また、一般論としてもそうかもしれない。ただ、精神科医にもいろいろいるわけ。苦痛を取り除いたり、軽減することが精神医療の一義的目的であると思っている人ばっかりじゃないということ（笑）

松木　そりゃたしかにいます。私なんかより年配の精神科医の人たちには、統合失調症の患者さんたちを世話するっていうのが一番の動機で精神科医になった人が結構いたように思います。でも、今の若い人にはそんな人いないいんじゃないのかな。

細澤　そうですよね。僕の場合、中井先生が精神分析の影響をいろんな意味で受けていて、やっぱり僕は中井流から受けた影響が大きいんだよね。僕の基本姿勢は、やはり医療の枠組みの中で精神分析を活かすことが大切という感じかな。

藤山　医者としてのスタートラインの違いなのかもね。

松木　結果的にみて今のわれわれっていうのは、ある意味ちっとも医者らしくないじゃない。

細澤　ま、それは言えるね（笑）

藤山　あと僕は精神医療の中での精神分析運動の担い手という立場もあると思っています。なんだかんだ言って本とか書いていると、年に十人くらいは「分析を受けたいです」って人が来るんだよ。この人たちの中に時々「これは分析受けたほうがいいな」と思う人がいるんで、そういう人を若い人に紹介していくような機能っていうのが必要なわけですよね、若い人たちが伸びていくには。いきなり個人開業のところに来る人は少ないから、医療設定の中で最初の相談にのることになる。

細澤　そういう機能を果たす人はたしかに必要だね。その場合は、クリニックのほうがたしかにやりやすいかもしれないね。

藤山　東京ではずっと小此木（啓吾）先生がやっていた機能なんですよね。そういう機能を私たちくらいの世代のみんなが少しずつでも果たすべきだろうと思ってるんです。

細澤　僕は精神分析運動に限らず、運動という考えが大嫌いなので、精神分析運動ということにまったく関心がないけれど、若い臨床家が精神分析的心理療法を実践できるケースをなかなか持てないという状況を何とかしたいなという気持ちはあるね。

精神分析のテクストを読む

細澤　トレーニングの話とも関連しますが、フロイトに始まり、クライン、ビオン、ウィニコット等々の著作など、触れるべき精神分析のテクストがあるわけだけど、お二人はどのように触れてきたのでしょうか？

松木　私はそもそも精神分析に関心を持つ人には、大きく見て二系列あると思うんです。一系列はとにかくフロイトが好きで、フロイトに関心がある人。もう一系列がいわゆる精神分析というものに関心がある人。大きく分ければその二つに分かれるような気がしています。私はどっちかというと、精神分析のほうに関心があるのであってフロイトの思想を深めたいという発想はないんです。でも藤山先生はフロイトの思想を深めるという、そこにやっぱりすごく関心があるように思う。

藤山　深めるというか、フロイトから目が離せない感じはあるかな。

細澤　そこは僕も一緒ですね。やっぱり「フロイトに還れ」が精神分析の基本だと思っているね。フロイトに還って、フロイトと対話をして、自分なりの精神分析を見つけること以外に精神分析臨床はないと思っているけど、松木先生は異なる考えを持っていそうだよね。

松木　私はむしろ、精神分析がある種の技術体系・学問体系的なものだとするなら、常にフロイトの先に進むという視点にいないと、それは単なる宗教になると思っています。

細澤　たしかにフロイトの教義に留まるとしたら、それは宗教だと思うけれども、フロイト以降の人々や流れを追う必要があるとは思えないな。個人は、フロイトのテクストと対話をして、フロイト以降の流れに従うのではなく、自分の精神分析を創造していけばいいんじゃないかと思う。クラインにしても、ビオンやウィニコットにしてもそうして来たのだと思うね。それが精神分析の歴史じゃないかな。

藤山　フロイトはほとんどの観点を提出してますからね。それについて対話していくというのはあるし、進歩もあるけど、観点の提出はフロイトにほぼ尽きるので、どうしてもフロイトのことを考える必要がある。もちろん、フロイトって臨床家としては、下手だったと思います。おそらく精神分析家らしくなったのが一九〇〇年ぐらいだとしても一九〇一年にやったドラのケースなんかはもう全然分析的な態度とは言えないしさ。

松木　あれはまだ全然分析のアプローチができてない。

藤山　ラットマン（ねずみ男）だって、最初からセックスの話ばっかりしていて、フロイトに迎合しているとしかみえないけど、そういうところを全然見ない。治療者としてのレベルはおそらく初心者的。にもかかわらず、ものすごい本質的なところがわかってるようなことを書くわけです。非常に初心者的なところにいながらも本質をつくのが、創始者というもののものすごく大事な部分かなと思うんですよね。

　結局僕たちもしょっちゅう新しい精神分析を創始せざるを得ない。どの患者に対しても、今までの自分を越えて何かをせざるを得なくなっていることに気づくわけだから。そういうことをやっている人の動きというか運動みたいなものに触れるとき、フロイトは一番役に立つと思ってるんですよね。創始者ですから。だからフロイトの書いたものっていうのは、何度読んでも面白いよね。「終りある分析と終りなき分析」[42]なんかも面白いんです、何度読んでも。「何か知らんけど小理屈こねてるなぁ」「言いわけしてんなぁ」って思いながらボロッと本音が出るところとか面白いんですよね。

細澤　松木先生も、いまだにフロイトを読むことあるよね。

松木　ええ……フロイトだけじゃなくて、そのフロイトを踏まえてその後により精神分析を精神分析らしいものにした人、それが私の場合はビオンなんですけど、フロイトに戻ることはありますが、そちらに向かいます。ビオンの見せる深まりに自分も向

42「終りある分析と終りなき分析」（一九三七）『フロイト著作集6』人文書院、三七七―四一三頁所収、馬場謙一訳。

かいたいなというところでの読み方ですね。それは、ビオンにしてもフロイトにしても。たとえば今藤山先生が言われたように、ドラ・ケースはフロイトが「これが転移だったんだ」ってあとで発見して驚いて、もともと夢解釈を生かしたヒステリー治療のケースとして出版するつもりだった論文に、その転移の部分を書き加えたわけですよね？　そしてラットマンにしても、ある意味ラットマンがフロイトをリードして治療が展開するようにしているわけです。それでフロイトは「なるほど、こういうことか」と気がつく機会を得てそれを書いたんだと思うんです。だから、それらを踏まえた上でわれわれがもっと精神分析の専門家としてかかわるだけのものをわれわれは備える必要があるだろうし、それに役立ってくれる人のものを読むということでビオンを読むところに私は行くわけです。

細澤　なるほどねぇ。微妙に藤山先生と違うね。

藤山　たしかに。もっとも松木先生と僕は結局、ビオンがすごく大事な存在だっていうのはおそらく共通しているんでしょうね。

細澤　それは共通しているよね。

藤山　僕はウィニコットとビオンと、両方とても重要な存在だと思っているんですけどね。同じような問題に触れながら書き方が全然違うと思うんですけどね。

松木　私も別にウィニコットを無視しているわけじゃなくて、ウィニコットの一番大事な論文は「精神分析的設定内での退行のメタサイコロジカルで臨床的な側面」[43]と思

43　「精神分析的設定内での退行の

います。あれは転移を理解し対応するときの真に重要な臨床感覚と認識をしっかりおさえた論文だと思います。

藤山　そうでしょうね。あとは「原初の情緒発達」[44]かな。初期だけど、その後のウィニコットの視点がほぼ出てます。ウィニコットは同じことをずっと繰り返し言ってた人だと思ってるんですけど、ビオンは明らかに途中から変わる。K重視からO重視に変わる。そういう意味ではやっぱりビオンていうのはすごいなと思うんです。おそらくクラインと内的に離れたことと関係しているのかもしれないけどね。クラインが死んじゃったり、分析が終わったり。そこからOというものに向かうところがね。

松木　ビオンは、クラインが死んで書き方をガラッと変えたじゃないですか。そしてそれから十年ほど経ってイギリスそのものを離れましたね。だから彼はそのたびごとに自由になったところはあると思います。最近は〝Early Bion〟と〝Late Bion〟、あるいは〝British Bion〟と〝American Bion〟とか、そういう呼び方をして分ける考え方が出てきていて、イギリスの分析家はイギリスにいたときのビオンを強調し、北米・南米の分析家は後期のビオンの考えを大事にします。極端すぎて滑稽になってしまうところもありますね。

細澤　僕の理解では、ビオンは、要するに最終的に精神分析体験そのものの探究という方向に向かったのだと思うけど。

松木・藤山　そうそうそう。

メタサイコロジカルで臨床的な側面」（一九五四）『小児医学から精神分析へ　ウィニコット臨床論文集』岩崎学術出版社、三三五―三五七頁所収、岡野憲一郎訳。

44 「原初の情緒発達」（一九四五）『小児医学から精神分析へ　ウィニコット臨床論文集』岩崎学術出版社、一五九―一七六頁所収、妙木浩之訳。

細澤　僕は、精神分析体験そのものの探究みたいな方向には関心が持てないんだよね。それは事実としてあるわけで、それは体験はできるけど、本質的に認識できないもの、あるいは、言語化できないものなんだと思うけどな。それについて探究して、あれこれ言って、それが無意味だとまでは思わないけれど、大切だとは思わないな。

松木　でも、フロイトだって精神分析を実践していったのは、彼が神経内科医として出会った事実をどう捉えるかという主題をずっと追っていったわけじゃないですか。

細澤　でも、精神分析体験そのものの探求に向かうというのは、ある種のアプリオリな何かを想定しないとできない試みのような気がする。そういう形而上学は僕のテイストには合わないな。僕は、やっぱり、ある人とある人の精神分析体験の本質は、別のある人とある人の精神分析体験の本質と異なるんじゃないかと思っている。それは個別のものであり、一般論とか、普遍的なものとして語ることはできないんじゃないかな。一般精神分析理論を確立したいという欲望は僕にはないな。

藤山　個別だけど、非常に共通した普遍的なものはあるでしょ？

細澤　それがあるとは信じてないいんだよね。

松木　細澤先生は訓練分析があんまり納得できなかったんじゃないのかなぁ？　かなりパーソナルな感覚が入っているような気がするけど（笑）

細澤　またまた、松木先生はすぐそういうこと言うから、性格が悪いと思われるんだよ。でも、僕の言いたいことはまさにそれで、精神分析の真実は、パーソナルな感覚の中にしかないということだね。

松木　うんうん。その、パーソナルな感覚がどういうものかっていうのを見ていくことが精神分析でしょう。

細澤　それはその通りで、僕も、ある人とのパーソナルな関係を見ていくことが精神分析だと思っているよ。ただ、そこで生じている事実を抽象的、一般的、普遍的なものとして考えていく感覚が馴染まないんだよね。たとえばウィニコットなんかはそういう普遍的な方向には行かないよね。ウィニコットのよいところは、一般的、普遍的なことを抽象的に語ろうとしないところだね。ウィニコットのテクストの面白いところは、全体としての主張ではないんだよね。記述のミクロな部分に真価があると思う。僕にとってのフロイトのテクストの良さも同様だな。記述のミクロな部分の真実性や美しさが僕は好きだな。

藤山　フロイトはやっぱり「陽性転移を作ってからしか何もしちゃいけないぞ」と言うわけじゃない？　いわゆる自我心理学だって、同じことを言ってる。そこにフロイトの限界があると思います。結局、解釈が暗示のように相手に受け取られるしかないっていうことを書いたりとかする。フロイトが分析を受けていなかったことによる弱点なのかなっていつも思うとこなんです。アンナ・フロイト[45]だって、お父さんから分析受けているわけだから。他人からガッと近づかれて、そのとき意識的にはわからなくてもあとでものすごく自分が揺さぶられて変化していることに気づく、という体験

45 **アンナ・フロイト**（Anna Freud, 1895–1982）　イギリスの精神分析家。精神分析の創始者・ジクムント・フロイトの娘。著書『自我と

をしてないんじゃないかと思う。結局、フロイトが「終りある分析と終りなき分析」でぶつかっている壁っていうのは彼のその個人的な壁だと思う。だからどうしても、フェレンツィ[46]みたいな人のことがわからない。フェレンツィはそこを越えようとしていましたから。

細澤　治療同盟というのも、フロイトのテクスト読解のひとつのあり方だよね。でも、それも、陽性転移が成立しないとセラピーができないという意味でとらえずに、患者がセラピーにやって来るということの背後には陽性転移が蠢いているというリアルな発想として読むことも可能だと思うんだよね。

藤山　でもそうは書いてないよ、彼は。たしかにフロイトがすごいところはリアリストだっていうことだと思うんです。

細澤　だからね、そう書いてあるかどうかではなく、読み方は自由なわけだよ。フロイトの記述を、ある種の教義のように「こうすべきだ」と読んでしまうと、フロイトのテクストの本質的な面白さが体験できないんじゃないかと思うんだけど。

藤山　つまり、「こうすべき」じゃなくて「こんなもんなんだ、どうせ」って思えるように読むべき……？

細澤　たとえば暗示の話にしても、「分析家にそのつもりがなくても、患者には暗示として体験されてしまうこともある。分析家は、そういう事態に開かれておいたほうがよい」と読むこともできるわけだよ。

防衛機能』（一九三六）『児童分析』（一九四一）など。

46 シャーンドル・フェレンツィ（Sándor Ferenczi, 1873-1933）ハンガリーの精神科医・精神分析家。著書に『臨床日記』（一九三二）『精神分析への最後の貢献』（一九五五）など。

松木　フロイトがそう言いたいんじゃないかって？

藤山　ちょっと読み込みすぎだよねぇ（笑）　フロイトの意識ではそうじゃなかったと思うよ……（笑）

細澤　フロイトという人が何を意識していたかは誰にもわからないよ。われわれが体験できるのはフロイトのテクストだけなんだから。われわれはフロイトのテクストと対話して、読解するわけでしょう。フロイトという人と対話しているわけではないよ。

松木　細澤先生はやっぱり文学部の人だ。テクストを過剰評価しているね（笑）

細澤　松木先生はわかってないな（笑）　過剰評価ではなくて、テクスト読解の話をしているんだよ。

松木　自分が書いてみたらわかるじゃない。そこまで真剣に考えなくて書いているものを他人が読んだら、ものすごく深く読むじゃない（笑）　それはその人の自由だし、その人の生き方に触れているところだからだろうと思うけど、その意味や意図でないのも著者としての事実なんです。

細澤　それこそがテクスト体験なんじゃないかな。松木先生の意図が正確に伝わることがテクスト体験ではないよ。誤読まで含めて多様な読解を許容するテクストがよいテクストだと思うけどね。

藤山　フロイトはすごく突っ込みどころ満載なテキストであることはたしかですね。特に症例なんかは。そこがとてもいいところです。

細澤　自我心理学の臨床家もメラニー・クラインも、ラカンにしても、みんなフロイトを読んで勝手に解釈して「これがフロイトの言ってることだ」って自説を展開したわけだよね。

松木　それはたしかにそうですね。

細澤　そういう多様な読みを可能にするテクストであるところが、フロイトのテクストのよいところだと思う。ところで、ビオンの場合、そういう読み方を許さない感じがするけど、お二人はビオンのテクストをどんなふうに読んでるの？

藤山　ビオンは、読んでいると突然飛躍すると思うんですよね。僕は飛躍したところでわからなくなっちゃったところがとても面白い。そうでもないですか？

松木　言われる通りですね。読んでいて、わからない。でもこの人は何かを思うからここからここに行くんだろうから、それがわからないのは自分の頭が悪いからなんだな、とまず思うわけです（笑）頭が悪い自分は考えざるをえない。

藤山　（笑）

細澤　松木先生は謙虚だね（笑）

松木　でもそのうちわかるかもしれないっていうね（笑）

藤山　ラカンなんかも急にわからなくなるけど、あれはわざとやってるのかなって感じがあります。わざと煙に巻くためにやっているかなって。でもビオンはガツンてぶつかってくる（笑）「あれ？　本当にわかんないぞ」ってなっちゃう。ウィニコットはわかった感じになっちゃうでしょ。スムーズに、言葉の流れがいいというか。

細澤　ウィニコットのテクストは一見やさしく書いているからね。

藤山　そう。難しい言葉を使ってないから、スムーズな感じがしちゃうでしょ？　話し言葉みたいな感じがあるから。

細澤　ビオンはわからないところがいいわけ？

松木　私としてはわからないし、でもビオン自身もわからないところを掘っていっているような……。それがまったくスマートじゃないんですよ。彼の考えの展開の仕方がね。炭鉱の穴を、いや、青の洞門の洞窟を掘っているみたいな感じなんだけど、でもこの人が掘っているんだから、ここには掘る何かがあるんだなって、そういう意欲を抱かせますね。

藤山　あとビオンが面白いのは人間の集団とこころの中を、常にパラレルに考えてるところだと思う。それをとくに前置きせずに平行に書いている、特に*Attention and Interpretation*[47]なんかは。ああいうところは面白くてね。さっきも言ったけども、病棟の中で起こっていたこととか劇団の中で起こっていたことが僕の原体験だということがあると思うんです。

松木　それと、ウィニコットは独特なところはあるけど、精神分析の書き方をしていると思うんです。伝統にのっとった書き方をね。他の分析家もみんなだいたい伝統にのっとった書き方をしています。でもビオンはそうじゃなくて、まったく伝統を無視

47　*Attention and Interpretation* (1970) Tavistock. London.

しているというのかな。だけど、精神分析の本質を書くために書いている。それが感じられるところに惹きつけられます。

細澤　息子の話が先に展開してしまったね。ビオンとウィニコットの分析的母親であるメラニー・クラインに関してはどうですか？　お二人の読みを聞かせてください。

藤山　メラニー・クラインは「児童の精神分析」[48]。あれが一番好きだな。あれ読めばいいんじゃないかと思っちゃう。クラインは別に論理を構築できる人じゃないんですよ。

細澤　僕も「児童の精神分析」が一番好きだね。後期のメラニー・クラインのテクストには理論を構築しようとする姿勢が滲み出ていて、読んでもあんまり面白くないんだよね。

松木　後期は権威者になってきたでしょう。

藤山　「羨望と感謝」[49]なんてスムーズにすーっと読めちゃって、「そうでございます、はいはい」って思うだけになってしまう（笑）

細澤　たしかに。初期のメラニー・クラインは、臨床的事実を体験し、それに関してすごく言いたいことがあるのだけれど、それを表現するタームを持たないがゆえに、言語化と格闘している風情があって、そこが好きだな。

藤山　「児童分析の記録」[50]っていうのはとても最後まで読み通せないけどね。あれはとてもじゃないけど……（笑）

48　「児童の精神分析」（一九三二）『メラニー・クライン著作集２』誠信書房、衣笠隆幸訳。

49　「羨望と感謝」（一九五七）『メラニー・クライン著作集５』誠信書房、三―八九頁所収、松本善男訳。

50　「児童分析の記録」（一九六一）『メラニー・クライン著作集６』Ⅰ

松木　私、あれ以前にも英語と日本語で読んでいるんですけどね。最近読み直してみて、クラインは現在のリチャードの現象に乳児期の現象をそのまま見ているんだというのがよくわかりますね。つまりクラインのすごい力量は、言語を持つようになる前のこころの働きをきわめてクリアに捉えることができるところです。それを苦しみながら表現したのが「児童の精神分析」だと思うんです。"Memories in feelings" だったかな？　そういう表現に留まるところを精神分析の対象にしたし、その現象をとらえて著書において表わした。それがクラインの何よりの貢献だと思います。フロイトの示した無意識と、質の違う無意識とその現象を示した。それが精神分析にもうひとつの世界を開きました。

藤山　「児童の精神分析」なんてクラインには理論的道具が何一つないわけじゃない？ただただ現場に現象がぼこぼこあるのを書いてある（笑）もしあの人が大学行ったとしてもあまり成績のいい人ではなかったんじゃないかと（笑）でもすごい直観力なんだよね。「どんなにプリミティヴなものの中にも意味や構造があるに違いない」っていう確信があるような……それってある意味じゃ精神病的確信だけどね。

松木　そうですね。クラインはやっぱり非常に病的な人だったから、それがあの人の圧倒的な力になって未知のものを見い出したというのは間違いないと思いますね。

細澤　初期のメラニー・クラインのテクストは語りえぬものを語ろうとしているんだと思うんだよね。

6）誠信書房、山上千鶴子訳。Ⅱ『メラニー・クライン著作集7』誠信書房、山上千鶴子訳。

松木　そう。語りにならないものをね。

細澤　その格闘のプロセスが如実に表われているのが初期のテクストだと思う。後期になって、その事実を名付ける言葉を発明してしまうと、格闘のプロセス自体は表現されなくなってしまうよね。やっぱり、そのプロセスを生々しく提示している初期の論文がスリリングで面白いね。

藤山　そりゃそうだ。初期の「児童の精神分析」が一番面白いと思うな。あの前半のケースがいっぱい出ているところが何度読んでも面白いよね。ワクワクするプラスなんとも言えない情緒が湧き出てくる。

細澤　そういう読みをできなくさせているのが各種精神分析セミナーだよね。精神分析セミナーに行くと、メラニー・クラインの理論はこうです、なんてことが講義されるわけだよね。あれはよくないと思うな。理論を抽出して教えるのではなく、メラニー・クラインのテクストを緻密に読みなさいと教えるべきでしょう。クラインの真価は、臨床的事実を体験し、それを言葉にしていく苦闘にあるわけで、後に構築された理論にあるわけじゃないと思うけどな。

藤山　ないね。フロイトみたいにちゃんとしたアカデミックな教育を受けると、「ニューロン説からこころをどう見るか」みたいなことは生涯のテーマじゃないですか？クラインはそういう人ではないよね。とにかくそこにある臨床事実が出発点。

松木　細澤先生の言うような読み方ができるためには、実際の分析セッションの中から何を見つけるか、どういう現象を見出すか、それが精神分析的な作業なんだということがわかってないとできないんじゃないかと思う。

細澤　そうだったら、松木先生はセミナーでそのように教えたらいいんじゃないの？（笑）メラニー・クラインの概念に準拠して物事を見ることが精神分析ではないと教えたら。

松木　それは教えられたってわからないもの（笑）実感しないといけないから。

藤山　それは教えることじゃなくて自分が治療を受けることだと思いますよ。分析受ける、もしくは分析的なセラピーでセラピストとしていい体験をするか。どっちかですよ。

細澤　ある程度きちんと分析的体験を持たないと、わからないということなのかな。松木先生の考えでは、やはり分析を受けないとダメということなのかな？

松木　ダメかどうかわからないけど……。すごくいいスーパーバイザーに出会っていい指導を受けるっていうのもひとつありうると思うし、いいケースに出会うっていうのは大事ですね。ケースがわれわれを育ててくれる、教えてくれる。それはものすごく大事ですね。

藤山　初期にいいケースに出会っているかどうかは、ものすごくその人の分析的な臨床家としての運命を決める。それは結構、運の問題ですよね。どんなところで働いていたか、たまたまどんな患者が来たか。

松木　それにはやっぱり、こちらがどこかケースから学ぶっていう姿勢というか感覚というか、そうした準備が重要な前提にある気がします。

藤山　だから「早く治しちゃおう」とか思わない、思ってないっていうことだよね。小綺麗にしようとしない。結局それって、その人のパーソナリティによる部分があるよね。とことんまで行ってみたい、見てみたいっていう姿勢はないとね。

松木　私は若かったころに福岡大学の精神科にいたから、精神分析に関心がある人が全国から集まってきていたんですけど、そのころのわれわれの感覚よりも今の精神分析やろうとしている若い人のほうがセンスがいいね。

藤山　そうかもしれない。まあ尖ってますよね。

細澤　何が変わったんでしょうね？

松木　精神分析の臨床がどういうものかというエッセンスが伝わっているんじゃないかな。伝統ができているんじゃないかな。

藤山　昔は精神医学的あるいは心埋臨床的な中でなんとなくやってた。最近はわりとあるところまで準備してから始める気がする。精神分析学会なんかも、えらいレベルが上がってると思っているんだけど。

松木　上がってる、上がってる。上がってるのは間違いないです。

細澤　たしかに、精神分析学会における発表の全体的なレベルは上がってるような気がするけど、面白い発表は減っているような気がするなあ。

藤山　それは「面白く発表してはいけないのではないか」という何かがあるんだよ。お作法通りにしなくちゃいけないって思っている人たちが多い。

細澤　全体のレベルが上がるとまとまってしまう、小綺麗になってしまうということもあるのかな。

藤山　でもまあ、フロイトはずっと読んで欲しいと思うね。若い人に。

細澤　僕も、精神分析臨床を志す人は、何はさておき、フロイトをともかく読まないといけないと思っているけど、松木先生の考えはどうですか？

松木　フロイトを読まないで「精神分析を学んでいます」ということはありえないんじゃないですか。まずフロイトを全部読まないと。一応、全部読まないといけない。その中から自分がいいと思う、これは自分の感覚としてすごく納得がいくと思うものをさらに読み込むっていう作業がありますね。

本を書くということ

細澤　お二人は本も相当書いているけれども、精神分析の文化に入っていく、あるいは分析臨床をやっていくことの中で、精神分析に関する論文や本を書くことの意義について、お二人がどのように考えているのか、少し聞かせてくれませんか？

藤山　うーん……。ウンコするようなものに近いかなあ。ある程度までたまっちゃうと出したい、そういうもんですね。文章を書いたりしなくても、ちゃんとした分析をやっている人はいると思うけど。自分の中で考えがまとまったときに、ちょっと人に読んでもらいたいとかね、考えたことを言ってみたいとかね、そういう気持ちになるときに、ものを書くという手段があるのはありたいことですよ。

『精神分析という営み』[51]という本に書いたのが、自分が分析家になることを本当に決意して、分析家になってもいいのかな、と思う過程で考えていたことなんです。自分にとって分析的なセラピストであるという体験がどんなものか、かたちにしてみたいと思ったわけです。あの本とはずっと対話している感じがあって。あの本を書いたときのような差し迫ったニードでものを書くっていうことができたのが、今度の落語の本（『落語の国の精神分析』[52]）ぐらいです。だから難しいんです。書くっていうことが、単なる惰性でなく書けるのか、いつも考えています。

そういうウンコを出すみたいなことと並んで、精神分析って文化を残さなければいけないとか、そのために何か自分が貢献しなきゃいけないんじゃないかっていう方向でものを書くっていうのも、この数年少し出てきてる。だから、そこの兼ね合いだと思うんですけどね。この『精神分析という営み』はほとんど自分のため、ウンコだった。『落語の国の精神分析』もかなり自分のために書いていると思うんですが、少し臨床家でない人に精神分析というものを紹介したいという気持ちがないことはないんです。『集中講義・精神分析』[53]は、生きた精神分析に関心を持つ人が増えてくれたら

51 『精神分析という営み』岩崎学術出版社（二〇〇三）

52 『落語の国の精神分析』みすず書房（二〇一二）

53 『集中講義・精神分析』岩崎学

と思ったのが、大きな動機でした。そういう、精神分析っていうのをひとつの文化として維持して、生きたかたちとして常に展開させるべきだっていう、その義務っていうのもなんとなく最近感じるようになってきた感じはありますね。

細澤　義務感があるんだ？

藤山　たしかに最近ありますね。だからそれは、歳がいくまではやる。ダメだなと思うまではやる。やろうとは思ってるんですよね。書くっていうことが、ある時期から徐々にそっちのほうになっちゃってるかもしれない。

細澤　藤山先生の中には二種のモチベーションがあるわけね。松木先生はどうなのだろう？

松木　私は、若いころは、精神分析の論文を書くことは精神分析と一体化する、あるいは、精神分析を自分の中に同化するっていう、そういう作業としてやっていたような感じです。とにかく自分自身を、本当の精神分析の人間にしたいという気持ちが非常に強かったから、セッションの場面でもそうあろうとするんだけど、それと同時にそういう論文を書いたり、本を読んだりするっていうことは、同化する、つまり取り入れて自分の中に消化するか、あるいは自分をそこにある精神分析に同一化するという作業だったと思います。そこにはもちろん、論文を書くことで自分の中の精神分析を整えていくという重要な作業も含まれています。

　でも、今はそれが変わってきていて、今、本を書いたり論文を書いたりするときに

術出版社（上巻　二〇〇八／下巻　二〇一〇）

何をしようとしているかというと、精神分析を探しているんです。もっと正確に言うことになるかどうかわからないけれど、自分の思い描いているだろうというか、自分に出会える精神分析を探している。誰かの本とか論文に書かれていることから何かを得るというのではなくて、自分の分析セッションの体験であり、それをその後整理していくというか、それを消化していく作業の中で、その作業のプロセスにかかわっているものが、書くということになっているんです。

藤山　精神分析は、やっぱり自分の精神分析をかたちにっていうか、再発見するっていうか、そうしたいっていうのはずっとありますよね。だから決して、精神分析じゃなくなりたくはないんですよね。

細澤　そうだね。それはわかるな。僕は論文を書いたり、本を刊行することに関して、藤山先生と共通する部分と異なる部分があるね。松木先生の還暦のときには『松木邦裕との対決』[54]を刊行したし、僕が以前にひきこもりをテーマに書いた論文は藤山先生のひきこもり論文に喚起されて書いたんだよね。僕にとって、文章を書くというのは完結した営みではなくて、僕が何かに反応したり、あるいは、僕の文章に喚起された人が反応したりというコミュニケーションとしての営みなんだよね。だから、いつも論文を書いたり、本を出すときには、誰かがそれに刺激を受けて、その反応は僕に伝えて欲しいなと思うんだよね。まあ、さびしがり屋なんだよね。なので、僕は何かを伝えたいというよりは、双方向のコミュニケーションを望んでいるという感じだな。

54『松木邦裕との対決』細澤仁編、岩崎学術出版社（二〇一二）

藤山先生の言う文化を残すというのもある種のコミュニケーションだろうなと思う。ただ、僕は文化にはまったく興味がないね。精神分析という文化が残ろうが、滅びようがどちらでもかまわない。僕は正直、精神分析運動という考えが嫌いだね。僕は、個人と個人のコミュニケーションに興味があるだけなんだよね。運動とか文化とかマスには関心を持てないね。だから、義務感はまったくなくて、やりたいことをやりたいようにやっているだけです。

ところで、松木先生はどうですか？　松木先生が論文を書いたり本を刊行するとき、コミュニケーションへの欲求はあるの？

松木　以前はそういう伝えたいという気持ちがたしかにありましたね。だから昔のほうが入門書的なものを書いていましたね。そういう性質のもので今、少し書きかけているものもあるんだけれど、やっぱり前とはスタンスがちょっと違う気がします。伝わるのはうれしいけれど、あんまり人前に出たくないやっていうのが気持ちの中でだんだん大きくなってきていますね。

細澤　松木先生はいよいよ老境に入ってしまったね（笑）

歳をとるということ

細澤　最後に、還暦を迎える藤山先生に、還暦体験を語ってもらいましょうか。

藤山　やっぱり死が近づいたという感覚ですね。そればっかり考えてる。五十歳になったときも、人生の折り返しをとうに過ぎてるんだな、と思ったけど。一九八〇年代くらいから以降は「最近」だと思っているわけ（笑）その「最近」から今までよりもさらにずっと短い時間しか残されてないわけでしょ？　やっぱり死が近づいているから、時間を大事に考えなきゃなって。好きなこと以外やらないようにしようと。

細澤　藤山先生、以前からそういうこと言っているよ。五十歳になったときも、同じことを言っていたよ。

松木　言ってた、言ってた（笑）

藤山　結構好きじゃないこともいろいろ引き受けてるんですよ（笑）本当は精神分析だけやって生きていければいいんだけどね。

松木　精神分析家として、還暦の歳を迎えて思うところはありますか？

藤山　訓練分析をもう何人かやってから死にたいなと思うようになりましたね。ある種の「子どもを作りたい」みたいな、本能のような。七十歳までに何人くらい育てられるんだろう、八十歳まで生きるとしても七十歳までには引き受けないと、とかそういうことを考えます。あとは『落語の国の精神分析』を書いたみたいに、一般の人に精神分析の存在を知らせるようなものも、もう少し書いておきたいなと思いますね。

松木先生は、還暦になったときどうでした？

松木　死ぬということがすごく実感できるようになりましたね。数が限られているというか、今体験していることをまた体験する機会はないのかもしれないと。ただ、精神分析家としての生命なんですけど、「まだ力をつけられるな」という感じはありますね。

藤山　それはある。ありますよ。

松木　分析家としてのピークを過ぎたという感じは全然ない。これが、いくつになったときに「ピークを過ぎたな」と思うのかはまだわからない。それが精神分析という仕事をしているパーソナルな意義に感じます。これからも努めて、少しでも向上することを目指し続けたい気持ちですね。

藤山　ひとつのケースに対して、まだ新しいことをしているという感じはありますね。新しさの価値というか、面白いことをやっているなという感覚は減ってないですね。

まあでも、六十歳っていうのは節目ですね。はじめて会ったとき、土居先生は六十三歳だったんですよ。先生はいつもネクタイをしてきちんとした格好をしていたから、「ずいぶんおじいさんだなぁ」と思ったけどね（笑）　残りの時間を意識して今を考えさせる節目、制度なんだろうね。還暦というのは。

細澤　お二人には、長い時間、対話に付き合ってもらってありがとうございます。二人ともまだまだ成長途上のようで、僕も励みになるよ。

藤山先生や松木先生には長生きしてもらいたいね。

第Ⅲ部　精神分析的心理療法の実際

第Ⅲ部では、細澤が事例を提示し、藤山、松木両氏がコメントするというかたちで、ここまで語られた三人の精神分析観の違いを、事例を通じて具体的に明らかにしたいと思います。精神分析は、臨床実践に基づく営為です。三人が、ただ、自らの考えを述べるだけではなく、事例を通じてコメントすることで、読者に精神分析の醍醐味の一端を体験してもらえればと思います。

事例は、スキゾイド的心性を有する女性です。彼女は自ら心理療法を求めてきましたが、彼女には、三か月後に転居の予定がありました。彼女は、心理療法に期限を持ち込んだのです。限られた期間でできるだけ素材を扱うために、設定は週三回としました。心理療法はある展開を見せ、三か月で予定通り終了しました。

この事例が選ばれたのは、短期間で終了したため、比較的詳細に心理療法プロセスと心理療法に持ち込まれた素材、そして、治療者の介入を議論できると考えたためです。また、私（細澤）にとって、この事例は印象に残るものであり、何かの機会にもう一度検討してみたいという想いを抱いていたということもあり、とてもよい機会となりました。（尚、プライヴァシーに配慮し、事例の本質を損ねない範囲で改変を加えました。）

事例の概要

事例は二十代の独身女性です。彼女は、「生きている意味はないと思う。生きる意味がなくても生きていけるかを知りたい」と訴え、私（細澤）のもとを訪れました。

彼女は、身長が高く、均整の取れたスタイルでした。髪型は短髪で、服装もややボーイッシュですが、女性らしい雰囲気を纏っていました。理知的で、整った顔立ちをしていました。顔面にチックがあることが注目されました。

まずは、彼女の病歴を説明しましょう。私のもとを訪れる数年前、彼女は、次のような状態に突然陥り、外出することができなくなりました。彼女曰く、「無気力で人と話したくなくなった。外に出る元気がなかった。下ばかりを見て、人の目を見てしゃべることができなかった。泣くこともできなかった。壁に向かって、一日中黙っていた。鏡を見たくなかった。手足が自分のものではないような気がした」とのことです。急性の離人症を発症したのでしょう。当時、彼女と交際していた男性に連れられ、某心療内科を受診しました。そこで、彼女はアダルト・チルドレンと言われたと言います。少量の抗不安薬が処方されたようですが、彼女は、そこでの治療は役に立たないと思い、受診は一度きりでした。その後、症状は自然に消失し、外出できるようになりました。

以前から、彼は彼女に対して保護者的な役割を果たしていました。このエピソード以降、彼女曰く、「彼はお世話する人、私はされる人というヒエラルキー」が出来上がったといいます。そのような関係性に双方とも苦痛を感じ、彼は彼女に自立を促しました。結局は、彼のほうから別れを持ち出しました。そして、別れて半年後に、彼女は私のもとを訪れたのでした。

次に、彼女の生活史について触れたいと思います。彼女が想起できるもっとも古い記憶は次のようなものです。「家庭の庭に大きな石がある。そこに座ってぼけっと周りを見ている」彼女は、元来手のかからない子で、一人でいることが多かったようです。また、成績も優秀で、よく本を読んでいたとのことです。彼女には年齢の近い姉がいました。中学のころより、父親は姉に対して、激しい暴力を振るうようになりました。その暴力により、姉は意識不明に陥り、救急搬送されたことが数回ありました。姉はそうなると予測しながら同じことを繰り返し、父親の暴力を誘発しました。暴力は姉が大学に進学し、実家を離れるときまで続いていました。暴力に至るパターンは次の通りです。姉と母親は折り合いが悪く、よく揉めていました。姉は「さほど厳格とも思えない共同生活のルール」を破り、母親とけんかになり、そこに父親が割って入り暴力を振るったようです。

彼女は、大学進学を機に、親元を離れ一人暮らしを始めました。そしてほどなく、先述の彼と交際するようになりました。

さて、彼女の家族についても説明しましょう。彼女の父親は肉体労働をしていました。彼女は、小児期には父親と陽性の関係を持っていました。彼女は、自分のことを「父親っ子だった」と言っています。一方、母親に関しては、明るく元気という印象を語りましたが、情緒的に疎遠だったようです。夫婦仲は良好でした。姉は大学卒業後、地元企業に就職し、現在は、両親と同居しています。

予備面接を数回行い、私は、彼女が面接に持ち込んだ素材から、彼女の病理の中心はスキゾイド的なものであり、その背後に外傷的家族関係があるのだろうと評価しました。彼女の急性の離人症エピソードは、ミクロな精神病的破綻の可能性を考えましたが、それ以外に病的なエピソードがなく、内面はともかく、外的な適応はまずまずなので、自我機能もそれなりに健康的であろうと思いました。私は、精神分析的心理療法の適応と判断しました。

しかし、彼女には三か月後に、転居の予定がありました。転居は相当遠方であり、転居した場合の心理療法の継続は不可能でした。私は、心理療法が何らかの成果をあげるには期間が短すぎるだろうと彼女に伝えました。彼女は、短い期間でもできるだけやりたいと心理療法を希望しました。設定は週三回四十五分の対面法として、私は彼女と精神分析的心理療法の契約を結びました。

心理療法過程

心理療法が開始された初回面接で、彼女は沈黙がちでした。その中で、彼女は、心理療法のイメージを、こころの中に沈めた小石を手に取り、共に眺めていく作業と表現し、「小石に触れようとするとこころが揺れる。揺れて何かよいことがあるのだろうか」とつぶやきました。私が、「あなたはこころが揺れた後によいものを得た経験が少ないのでしょう」と伝えると、彼女は自分のこころの中の暗い部分を話すとその人と親密になること、そして、そのことにより人はしんどくなると連想しました。私は、私に近づきたいのだが、そうなると私が彼のように彼女を見捨てるのではないかという不安があるのだろうと解釈しました。すると、彼女は発病状況について想起し、そのときに彼に対して甘える気持ちが大きくなったと連想しました。

翌二回目の面接で、彼女は前回の面接の後、「母親に電話で恨み言を言った」と語りました。そして、彼女は、母親に恨み言を言ったところでどうにもならないのだけれどと連想し、しばらく沈黙しました。そして、彼女は、この話は自分の中でいろいろ考えてすでに解決していると語りました。さらに、彼女は、自分の中にどす黒いものがあるのだが、それをうまく説明することができないと言いました。私は、私にそのどす黒いものが理解されないのではないかという不安があるのだろうと伝えました。すると、彼女は「家族には理解されなかった。父親が姉を殴って、母親が泣いている。私も泣いていたと思うけど、泣いても何も変わらなかった。中学一年のときのことをよく覚えている。いつも通り父親が姉を殴って、姉は大騒ぎをして、母親は泣いて止めていた。それまでは幼いなりに口をはさんで何とかしようとしていた。でも、その日から関係ないふりをした。そのとき、私は居間にいた。居間から一番遠い部屋で三人がもめていた。私は居間にいて、ひとりでテレビを見て笑っていた」と過去の重要なエピソードを想起しました。彼女は、そのとき以降、そのような場面に遭遇しても何の感情も湧かなくなったといいます。私は、その場面が胸に迫り、電話の件も含めて、彼女は家族に自分の気持ちをわかって欲しいのだろうと感じ、それを彼女に伝えました。すると、彼女は、「でも家族のことはどうにもならない」と涙ぐみました。私は彼女の絶望と悲しみに触れたように感じ、「あなたはこの心理療法の中でも絶望を体験し、家族が揉めている部屋から遠く隔たった居間においてひとりで絶望を処理したように、この面接室から遠く離れた自分の部屋においてひとりで絶望を処理したのでしょう」と伝えました。彼女はこの解釈を否定し、自分の中で解決したのは、「ただ感情を抱えていたくないからです」と言いました。

初回面接で私との間で彼との関係を反復する不安が心理療法的に扱われたため、二回目の面接で彼女は情緒を取り戻すゆとりを得たのでしょう。そして、彼女は過去を想起し涙ぐむことができたのだと思います。

しかし、その後の面接では、一転して口調が他人事のように淡々としたものになっていきました。また、連想がある程度展開すると、突然途切れたかのごとく沈黙するようになりました。私がそのことを指摘すると、彼女は「ここから先は入ってはいけないとブレーキがかかる。感情が揺れるのが嫌なのかな」と言いました。そして、面接の中で自らの中の空虚感に触れることが多くなりました。たとえば、彼女は「ずっと空虚だった。人は空虚でも生きていけるのかと思う。でも空虚でなくなるのも怖い」と連想しました。

六回目の面接で、彼女は、このところと同様に沈黙がちでした。その中で、彼女はまず心理療法に触れ、「何を話したらいいのかわからない」と言いました。そして、他者に踏み込んで欲しくないという連想から、図書館の静けさに触れ、「そういうところで永続的に満足したい。でも私の前には社会があって、そこに出ていくとそうはいかない。そうすると、入っていったり、入られたりになる」と語りました。私は、「あなたは私との間で入ったり、入られたりすることが不安なんですね」と伝えました。すると、彼女は、「それは怖いし、嫌です」と言いました。私は、「あなたは入ったり、入られたりすることを怖がっているのだけれど、強く求めてもいるようです」と伝えました。すると、彼女は、「私はいろいろなものをあきらめてきた。求めているものが何かわかっているのに見ないようにしている」と語り、他者に依存する不安について連想しました。私は、この面接の前半で語られた「何を話したらいいのかわからない」という連想と私に対する依存をめぐる不安を結びつける介入を行いました。すると、彼女は、「依存してどうなるんだろうという不安もある。彼氏に依存したけど、うまくいかなかった。同じことを繰り返したくないという気持ちもある」と言いました。

翌七回目の面接で、彼女は、自分は他者に依存しない人間になりたいと思っていたので、前回の面接の内容にショックを受けたと語り、「自分は他人との境界が曖昧なんだと思った。自分と他人の区別が曖昧だから変な期待を寄せてしまう。前の彼氏も私の都合で振り回した。自分が苦しんでいるのに相手が楽しんでいるとやりきれなさを感じた。それは不可能だとわかっている。追い求めているものが不可能で、それを追い求めないと生きていけないと言われたように感じて絶望したのかな」と言いました。彼女の主訴の意味合いが厚みを持って理解されたように感じました。

この面接以降、彼女の連想の中心は私との関係と別れた彼とのことに収束していきました。また、彼女は、「境界が曖昧な状態を求めている」「親との間で満たされなかったものを求めている」など、万能的母子一体感を反復強迫的に希求していることを連想するようになりました。

十回目と十一回目の面接で、急性の離人症を発症したときの状況が再構成されました。彼は、論理的な考え方の持ち主で、「問題解決志向」でした。交際している中で、彼は、彼女の問題点を指摘し、その改善策を指示したといいます。彼女は、交際して半年くらい経ったときに、浮気をしそうになりました。結局、浮気はしなかったのですが、そのとき彼はいたく傷つきました。彼女は、自分が他者を傷つけることができることを発見し驚き、今後、彼を傷つけてはいけないと一層自分を抑制するようになりました。その後、彼は、彼女の部屋に知らない女性を入れるという出来事がありました。その女性とは特別な関係ではなかったようですが、彼女はひどく傷つきました。そのとき、彼はそれは些細なことに過ぎないという態度を取りました。彼女は、「私と彼では痛みの度合いが違う」と思い、彼との関係に「ヒエラルキー」があると感じるようになりました。そして、あるとき突然、「私はあの人の人形だ」というフレーズが思いつかれ、彼女は彼に電話をかけ呼び出しました。しかし、彼が彼女の部屋に到着したときには、彼女は泣くばかりで話をすることができませんでした。彼が説明を求めると、彼女は「あなたは私のお父さんと同じだ。お父さんは暴力で私に何も言わせなかった。あなたは言葉で私に何も言わせないようにしている」と思わず言ってしまいました。私は、彼女に、彼氏との万能的一体感が崩壊した際の無力感が人形という言葉に結晶化したのであろうという理解を伝えました。彼女は、「彼は父親同様、すごい力を持っていた。反抗とか、価値判断を押しのけることはできないと思っていた」と語りました。発症状況はふたつの文脈が重なっていたようです。ひとつは母親との関係の再演で、境界のない一体感を体験したいという欲求が、彼氏とこころの痛みが通じ合わないという体験で拒絶されました。もうひとつは父親との関係の再演で、自分の欲求を抑圧するというかたちで対処したとき、万能的力を持つ父親に対して屈服するという体験を反復したようです。このような文脈の重なり合いの中、彼女は急性の離人症を発症したのでしょう。

この後の面接では、連想は家族関係に向かっていきました。十二回目の面接で、彼女は母親に対する怒りに触れ、「母親に対して、中学のとき必要としたのに、そのときあなたはいなかったじゃないかと言いたい。母親にすごい愚痴を言われていたのを思い出す。私はそんな話は聞きたくなかった」と語りました。十三回目の面接では、姉についてを処理するのを相手に預けてしまう」と語りました。母親は感情を表に出す人。母親は感情て「姉が何を考えているか全然わからない。私にとってモンスターなんです」と語り、実家の状況に触れ、「あの三人は今でも同じことをやっている」と連想しました。一方、両親が姉を甘やかしているという内容も語られました。彼女の連想から明らかとなった家族状況を整理します。姉と両親の関係は暴力的でありましたが、その中で姉は手応えのある人間関係という満足を得ていました。姉はそこから彼女を排除していたのです。彼女によると、彼女自身は家族の期待の星という「ハレ」を体現し、姉は家族の厄介者という「ケ」を体現していました。しかし、姉は家族と深く結びついていましたが、彼女は家族の纏綿状態から排除されていました。

十五回目の面接で、彼女は母親からメールが来たとき、どす黒い感情が出てきたと連想し、「ひとりでもんもんと考えているとすごいひとりだなと感じる」と言いました。私がさらに連想を促すと、「砂漠の中でひとり彷徨っているイメージ。答えを探して彷徨っている。もうひとつイメージがある。ガラスの箱の中にひとりで体育座りをしている自分のイメージ」と語りました。私は彼女に、「あなたは何かを探し求めているけど、それを恐れてもいるようだね」と伝えました。彼女は「母親からのメールが来て、放っておいて欲しいと思った。踏み込まれたくない」と言いました。私は転移の文脈で解釈しました。すると彼女は「ガラスが壊れてしまう。ガラスが壊れたら怖い。ガラスの中を見たくないのかな」と語り、突然、話題を変え、「何かに執着するのがすごく怖いんです。物でも人でも」と連想しました。私はガラスの中を見ることと執着することが結びついているのだろうと指摘しました。彼女は肯定しました。

翌十六回目の面接で、彼女は、姉から電話がかかってきて、「感情をぶつけあおう」と言われたと連想しました。そして、「面倒くさいから家族に放っておいて欲しい」と言いました。さらに、彼女は前の彼氏も彼女に感情を出すよう迫ったことを想起しました。私は、「あなたはここでも感情を出せと言われているように感じているようです。私に対して放っておいて欲しいと思っているのだろう」と伝えました。彼女は

「わかってもらえないから放っておいて欲しいのかな。それとも感情を出すことが負担だから放っておいて欲しいのかな」と語りました。そして、前の彼氏について触れ、「前の彼氏のときも入り込まれるのが嫌だった。ガラスの箱のイメージは病気になった後から出てきた」と語り、「箱の中の女の子は十二、三歳のイメージです」と語りました。

十八回目の面接で、彼女は「放っておかれてさみしかったと言っていたのに、放っておいてくれとは何なんでしょうね。家族のお祭りに参加していたら私はどうなっていたのだろう」と語り、連想は母親の話に移っていきました。彼女は、「母の無言のプレッシャーがあった。母の自己実現のプレッシャー。母は家族の中でしか存在意義がない。だから私に期待した。母は大学に行きたくても行けなかったという話を何回も聞かされた。母は私が大学に入ったことを喜んだ。私は自分のやりたいことをやっているだけなのに。何でそんなに母は喜ぶのかと思う。私は喜びの実感がない。そこにギャップがある」と連想しました。私は、「あなたは母親の自己実現を押しつけられて、実現した喜びは母親に奪われてしまったと体験しているようです」と伝えました。彼女は「私の中は空っぽです」と言いました。

翌十九回目の面接で、彼女は、「自分が他人に対して感情を出すのが怖い。自分の感情を表に出すと、自分も傷つけるし、周りの人に害を及ぼす。怒りとかだけではなく、好意にも言える。人に好意を見せるのも怖い。相手に迷惑をかけるのではないかと思う。本当のことを言ったらみんなに拒絶される。本当の気持ちは見せたくない」

と語りました。さらに翌二十回目の面接で、彼女は「今の状況は病気になった直後に似ている。同じところをぐるぐる回っている。踏み込んだほうがいいと思うけど、自分が言いたいのか、言いたくないのかわからない。病気になったとき、あれしたいこれしたいはなかった。一日中、壁を見て、酒をがばがば飲んでいた」と語りました。二十一回目の面接は、彼女は、発病当時を想起し、時に涙ぐみながらぽつりぽつりと語りました。彼女は、「外に出るのが怖かった。自分の中の嫌な部分が全面的に出ていた。ひとりになるのが嫌だった」と語り、最後に「家族のみんなに仲良くして欲しかった」とつぶやきました。

二十二回目の面接以降、全体的に沈黙がちの中、彼女の口調はより一層淡々としたものになり、とりつくしまのない雰囲気となっていきました。彼女は、「見たくないものは見ないで済むようになってきた。自分の感情の中でここを見たらやばいなというこ とがわかるようになってきた。そっとしておこうという感じです」と語りました。

二十三回目の面接で、彼女は人と会うときは常に緊張しているという内容を語り、「緊張しないと不安なんです」と言って、長い沈黙に入りました。そして、口を開いた彼女は、「ゆるんでいたことってあるのかなあ。ゆるんだら怖い」とつぶやき、またもや長い沈黙に入りました。そして「ゆるむと病気のときのようになる。誰かに執着したり、依存したくなる。執着すると大きな期待を抱いてしまう。だから傷つく」と語りました。私が転移の文脈で解釈すると、彼女は「自分の中に愛されたいという思いはある。でもそこに身を委ねるのはいけないんじゃないか」と言いました。

二十四回目の面接で、彼女は現実感のなさについて語りました。私は私への執着や依存への防衛として解釈しました。すると、彼女は「私が無関心を装えば、それは執着していること。実際に執着すれば病気になる。どうしたらいいんでしょうね。私は執着しないように予防線を張る。自分にも予防線を張るけど、相手にも執着してないよと見せようとする」と語り、「家族には人に執着してはいけないとインプットされた。それを明文化したのは彼氏」と連想しました。面接の最後に、彼女は「ガラスの箱にひびが入った感じ。自分で一生懸命直そうとしている」と語りました。

引き続いた二十五回目・二十六回目の面接における彼女の連想の中心も、「現実感がない」「感情を切り離している」「依存したくない」というものでした。私は、彼女のこころに触れることができないという無力感を体験していました。彼女は面接の中で解離していました。彼女に対して私が覚えた手が届かない感覚や無力感は彼女が家族の中で体験していた感情と同じものでしょう。二十七回目の面接で、彼女は彼氏に「感情を出せ」と言われたのですが、出す感情がなく「困った」と連想したのち、「人に伝えたいことがない」のだけれど、人と「コミュニケーションするスキル」は持っていると語りました。私は、「あなたはここではそのスキルが意味を持たないから困っているのだろう」と伝えました。彼女は、「何か言わないといけないことがある。でも病気になっても出てこなかった」と言いました。私は、「それほどあなたの深いところにあって、大切なものなのでしょう」と伝えました。彼女は同意し、「スキルの通用しない人は大事な人なんです」と語りました。

二十八回目の面接で、二十七回目に引き続きコミュニケーションをめぐる連想が展開したとき、私は、彼女が求めているのは交流ではなく、交流を強要せず見守る存在なのだろうという理解が実感されました。私は彼女に、「あなたはコミュニケーションを求めているのではなく、侵入しないで見守って欲しいのだろう」と伝えました。彼女は「それではずっと子どもですよね」と言いました。私は、彼女に母親的見守りが欲しいのだろうと伝えました。彼女は、「母親を求めているのかなあ。うちにはお母さんがいるんだけどなあ」とつぶやきました。翌二十九回目の面接で、彼女は母親的なものを求めるのはよくない、あきらめたほうがよいと思うと語り、「言いたいことが何もないというのを許して欲しいのかもしれない。言いたいことが何もないのは他者に対して望むことは何もないと宣言すること。それを一番許して欲しいのかもしれない」と言いました。さらに、三十回目の面接で、彼女は、一体感を求めているという連想から、「自他の区別が曖昧って、一体感を感じるということですよね。自分にとって自分の感情をうんぬんするより、一体感のほうが上位概念だったのかなあ」と言いました。私は、「あなたは感情を受け止めてもらう他者が必要なんじゃなくて、一体感を求めていた。それには相手が他者であっては困るのでしょう」と伝えました。彼女はしばらく沈黙し、「他者ってすごい怖いんですよね。他者との間での葛藤自体を恐れている。一体感とか自他の区別が曖昧なら葛藤を考えないで済む。一体感を求めるというのは、純粋に求める部分と、葛藤を避けるという二つの意味があると思う。葛藤があると感じること自体にびっくりする。他者との関係で葛藤が発生したとき、それを解決するより、それが発生したこと自体に問題を感じる。この関係が間違っているると思ってしまう」と言いました。

このころ、私は、心理療法の終結の時期が迫っているにもかかわらず、私との別れの話題が一切出てこないことを意識しはじめました。また彼との別れそれ自体についてもあまり連想しませんでした。そして、それは彼女が私との間で一体感を体験しているという事態と関係があるのだろうと理解していました。しかし、私は残りの時間が少なくなっていく中、彼女の気持ちを波立たせることに躊躇を覚えていました。私はこの転移状況を吟味しました。彼女は私を「侵入しないで見守ってくれる母親」として体験し、私もそのように振る舞っているようでした。そのような状況のもと、彼女は安心感を持ち、より自由に連想できるようになっていましたが、一方でそのような関係を防衛的に用い、対象喪失をめぐる葛藤に触れないでいました。そのような理解のもと、私は彼女の対象喪失に対する不安や痛みを強く実感したので、三十一回目の面接で、このような理解を伝えました。すると、彼女は、別れに伴う情緒を味わうことができないという連想から、ここで感情を出さないように、あえてその話題は避けていたと語りました。そして、彼女は、「父親に殴られて、そのとき涙を流すと、私が相手に脅威を感じていると知られる。だから泣くまいと思っていた。感情を出すのは難しい。無理に出そうとすると現実感がなくなる。この場では感情を出すことは許される。でもわかっているだけでは足りない」と言いました。私は「何か足りない。それこそあなたがここで求めているものなんでしょうね」と伝えました。彼女は「それは自他の区別のない状態です」と言いました。私は、「一体感がないと感情を出せない。あなたは一体感を求めているんですね」と伝えました。彼女は「この場での別れを悲しいといってはいけないと思う。何でそんなに嫌かと言うと、私がこの場をすごい大事に思っていると先生に思われるのが嫌。それは父親との関係が大きい。感情を見せたら負け。すごい悔しい」と語りました。

翌三十二回目の面接で、彼女は彼氏との別れに触れ、「今までの私の歴史は不可抗力的なものが多かった。家の状況、病気になったこと。人生は不公平。でも、ほんまに不可抗力やったと認めるのはできない。私のせいじゃないという救いはあるけど、私のせいじゃないなら何でこんなに苦しまないとあかんねんと思う」と語りました。私は、この連想を私との別れにまつわる感情として解釈しました。すると、彼女は「無力感が大きいと思う。家族は私が生まれる前からあって、そこに私が参入したわけだからあまりに無力だった。あまりにも無力感が大きくて参入するのをあきらめた。それと同時に現実感のなさが発生した」と語り、さらに「私が一番見たくないのは無力な自分。自他の区別がなければ、自分の無力を問わなくてよい。前の彼氏との関係がそうだった」と言い、しばらく沈黙しました。最後にぽつりと「やですね。無力感って。むなしくなります」と言いました。

三十三回目の面接では、感情が理不尽であるというテーマが展開しました。彼女は「怒ったり、好きになるのはすごい理不尽でしょ。解決の仕方がわからない。感情に振り回されるのは嫌なんです」と言いました。私は「あなたの家族も理不尽にあなたを振り回した。あなたの外の家族の理不尽さとあなたの中の感情の理不尽さは似ているようです。あなたは家族を遠ざけようとするように、感情を遠ざけようとしているようです」と伝えました。彼女は肯定しました。

翌三十四回目の面接では、前回同様、感情が理不尽というテーマが展開した後、「私は私で感情は感情。別の生き方みたい。私には制御不能だし、それに振り回されるのはめんどくさい。感情は他人みたい」と語りました。さらに、自分の欲望についての連想がつらなっていきました。彼女は「普通のレベルでは満足できないと思う。欲望はきりがない。歯止めがきかない。だったら最初から求めないほうがいい。欲望は外のもの。それを鎮めるために餌をやらないといけないという感じ」と語りました。私は彼女に、感情や欲望を外のものとすることで、空虚になっているのだろうと伝えました。

三十六回目の面接で、彼女は、自ら心理療法に触れ、「カウンセリングやってきたけど、何かに依存するのは抵抗がある。それはいらない。そうしないといけないのならいいです」と言いました。私は、「あなたが私に依存すると、家族の中で起こったことと同じことが起こってしまうと心配しているようですね」と伝えました。彼女は「あの人たちが子どもを産んで生産した結果がこれですよ」と言いました。私は、「両親の関係の中であなたが生まれた結果がこうだった。あなたが他者との関係の中で何かを産み出しても同じ結果になると思っているようです」と伝えました。彼女は「生産したくない」と言いました。私は、「あなたの放っておいて欲しいという気持ちは関係の中で何かを産み出したくないということのようですね。あなたは私に依存的になるのが嫌と言っています。ここでも放っておいて欲しいんですね。両親も彼もあなたを放っておいてくれなかった。あなたは放っておかれるという関係を求めているのでしょう」と伝えました。彼女はしばらく沈黙しました。そして、「放っておかれて何が得られるのかな？　侵略されない安心感。愛していないし、愛せないというところに行き着くのかな。放っておいて欲しいという自分を認めて欲しい。それは愛さなくてもいいよとしてくれること」と語りました。私は、「あなたは愛を求められたくないんですね」と伝えました。彼女は、「この場がすごく心地よいのもそのためですよね。見返りを求められないことを実感しやすい」と語り、しばらく沈黙しました。そして、「放っておいて欲しい。人を愛する気持ちはありませんというのは真実なんだけど、それは絶望的ですよね。そこを何とかして欲しいというのもある。人を愛せるようにできるものならして欲しいというのがある」と語りました。私は、「ここであなたは放っておかれる関係を得ている。それは居心地がいいけれども何も産み出さない関係。できることなら何かを産み出す関係になりたいと思っているようですね」と伝えました。彼女は「というより、それが可能なのかどうかということ。人を愛せるようにしてくれという感じ。甘えてますね。彼にもそれを求めていた。何かを愛せないというのは空虚。その隙間を埋めて欲しかった」と語りました。彼女の「人を愛せるようになりたい」という真のニードが語られました。

その後、同様のテーマが展開しました。三十七回目の面接では、「葛藤がないのを望んでいる。耐えられる程度の葛藤しか起こらない距離を取ろうとしている。この場にしてもそう」と語りました。翌三十八回目の面接では、「私は感情を切り捨てる。彼はそれを拾って返そうとした。拾ってくれるだけでよかった」と語りました。

そして、三十八回目の面接以降は私との別れが連想の中心となりました。三十八回目の面接で、彼女は「悲しいと思っていたら大変じゃないですか。いちいちその感情の相手をしているのがめんどくさい。具体的に考えると別れも辛いし、先も不安だし。そういうことを考え出したらブルーになる」と語りました。翌三十九回目の面接で、彼女は「最近とみに感情的な部分を切り離しているので、別れとか考えないようにしている」と語り、「自分の人生において寂しいという感情は極力排除してきた」と言いました。そして、別れについての連想から「別れの話で思い出すのは彼との別れじゃなくて、病気になる前なんです。そのとき私はすごい寂しがっていた。どれだけ頑張っても埋めようがなかった。でも病気になってからはあまり寂しいと思わなくなった。本当は寂しがり。目の前にいるかいないかしかない。そういう意味で執着するのを恐れている。誰かに執着するとその人がいないと寂しい。いつも目の前にいることを求めてしまう。寂しいと思うのはあまりにもしんどい」と語りました。

そして、最後の面接（四十回目）が転居する三日前に行われました。冒頭、彼女は、自分は別れの寂しさはわからないのだが、仕事関係の女性に泣かれたというエピソードを語り、「びっくりした。何で泣くんでしょうね。なくすことなんてしょっちゅうじゃないですか。なくすことのほうが多い」と言いました。そして、彼女はとても長い沈黙に入りました。その後、彼女は、「嫌ですね。別れのときは。私は寂しくないけど、別れの場で相手が泣いたり、寂しそうにするのが嫌。寂しがられるということは、もっといてということ。私にとって別れとは受け入れんとしょうがないものだから、どうしようもないものみたいな気がする。だから私は泣かない。ひとりだったら寂しがれる」と語りました。私は、この場でも寂しさを感じずに、ひとりになってからそれを味わうのだろうと伝えました。彼女は「そうかもしれない。私がいくら感情的になっても誰にも影響を与えないもの」と言いました。私は、「あなたは感情を出すと私に迷惑をかけると思っているんですね」と伝えました。彼女は「拒絶されるのを恐れている。感情的になると理不尽な要求をする。拒絶されるとダメージが大きい。感情を否定されるとダメージが大きい」と言い、しばらく沈黙しました。そして彼女は「昔のわが家を思い出した。家が揉めていたとき、嫌なら嫌と言えていたらよかったのかなあ」と語り、それから終わり間際まで沈黙しました。終わりの時間を確認しながら、彼女は「そこにつきますね。感情的なものを否定されたくない」と最後に言いました。

細澤　この事例は相当以前に僕が心理療法を行った事例です。この事例を提示しようと思ったのは、比較的短い経過でありながら、週三回と比較的密に行った心理療法だからです。経過が短いので全体のプロセスのようなマクロな動きも議論できるでしょうし、密に行った分セッションの中でのミクロな動きも議論できるので、お二人の意見を聞くにはよい事例だと思った次第です。経過が短かったのは彼女の都合でした。最初から期限が定まっていた事例なので、一般の精神分析的心理療法の事例とは異なりますが。

藤山　先生がその人と精神分析的な精神療法をしたいなっていうか、するといいなって思った一番大きな理由は、なんだったんでしょうね？

細澤　さて、どうでしょう。正直、相当以前なので正確なところは覚えていませんが、彼女の主訴やそこに含まれる意味合いが大きく影響したことは間違いないですね。おそらく、それなりの理屈をつければ、彼女が抱えている問題は、表面的な行動や考えみたいなレベルの話ではなく、人間存在とか人生そのものに根差していて、それに対して何らかの援助が可能な方法は精神分析的心理療法しかないだろうと思ったんでしょうね。

藤山　予備面接のときに、この人が漂わせているそういうものを細澤先生が受け取って、「さあ、やりましょう」ってなっていくっていうことですよね？

細澤　結局は、直観的に精神分析的心理療法がよいだろうと判断しているわけです。理屈は後付けのところがあるね。

藤山　先生がこの患者さんに何か言って、患者さんがどんなふうにその介入に反応したとか、そういうことで覚えているようなことはありますか？

細澤　僕は最初、彼女の病理の中心はスキゾイド的なものだと思ったんだよね。それは、彼女が纏っている雰囲気とか、彼女が面接に持ち込んでくる素材からの判断なんだけど。僕は、彼女が自分のスキゾイド的なところに不自由さを感じていて、そこを少しでも何とかしたいのかなっていうふうに感じたわけ。初回面接や予備面接で、僕がそれに触れたり、解釈めいたことを言ったりした記憶はないなあ。ただ、判断の根拠となる素材は、僕との関係に持ち込んだ素材が中心なので、僕の介入に反応したということはないけど、僕の存在に反応して生成した素材で、彼女は精神分析的心理療法を求めていると判断したんだよね。

藤山　最初の心療内科で、AC（アダルト・チルドレン）って言われているわけだから、ACって言わせるような何かを、もうその心療内科でしゃべっているわけですよね。

細澤　おそらく、家族にまつわる話をしたんでしょうね。

藤山　基本的にはお姉さんがやられてて、彼女は見てたんでしょ？

細澤　そういうことです。

藤山　そのことをわざわざ、一回目で、心療内科に行ったときにしゃべったんだろうかな。結構そこのところには私はひっかかりますね。つまり、このことをしゃべることがこの人にとっては「通行手形」であって。そのことを「通行手形」にして、ある理解の枠組みを相手に作らせる必要があるということなのだろうかと思いました。そしてその理解の枠組みを作らせておいて、それ以上、もしくはそれ以外には入らせないようなところもあったのだろうか、そんなことを考えましたけど。

細澤　うーん、ただ、このころの彼女の状態から考えると、彼女がまとまった会話ができる状態だったかどうかは疑問だね。僕には、彼が一緒に病院について行って、彼女の家族状況や歴史について説明したんじゃないかという気もするけど、確かめていないので確たることは言えないね。ただ、彼女はそういうことを「通行手形」にするような印象はないね。基本、スキゾイド的な人なので、人との関係を密にする素材を自ら提示するという感じじゃないね。

松木　この三か月で、この人に何ができると思ったんですか？

細澤　僕は、精神分析的心理療法を導入する際に、その人に何ができるとか、何かをしようと考えるタイプの治療者じゃないな。導入する際の基準は、精神分析的体験を持つことがその人にとって意義があるかどうかという点になるね。ただ、それにしても期間が短すぎるかなと思ったのだけど。

松木　でもね、この人が精神病的なブレイクダウンを起こしたと診立てたわけでしょう？

細澤　発病のエピソードは精神病的破綻だったと思う。

松木　精神病的なブレイクダウンを起こした人に対して三か月ぐらいの期間しかないところで、いったい何をしようと思っているんだっていうのが普通の感覚のような気がする。

細澤　たしかに、それは普通の臨床感覚だよね。ただ、僕はそもそも自分だけでなんとかしようという気持ちはなくてね。彼女が、僕との精神分析的心理療法の中で、何かを体験すればいいという感覚だったね。彼女が、精神分析的体験に何か意義を感じたら、また機会があるときに精神分析的心理療法を受ければいいわけだしね。まあ、それくらいの気持ちで導入したわけ。

松木　いやあ、私は違うと思うな。自分だけでなんとかしようとしたと思うな。

藤山　（笑）

細澤　（笑）　松木先生はそうおっしゃるけど、そんなことないんだけどな。

松木　この人がこんなふうになったのは、六か月前に彼と別れた、その対象の喪失というか、私の言葉を使えば「対象の急な不在」なんですが、その「不在」への反応だと思うんですよね。

細澤　僕もそう理解しているけど。

松木　その反応を癒やそうと思ったと思う。

細澤　だから、そんな思いはなかったと思うけどなあ（笑）

藤山　はっきり言ったら、もてあまされたわけですよね、この男に。

細澤　ええ、そうですね。

藤山　もてあまされて、捨てられちゃった人が来て、しかもその人がすごく、一見思わせぶりな哲学的なことを言っているっていうことなのかなーって思ったんです。心療内科のときにも相手の飛びつきやすそうな通行手形を出しているわけですけど、ここでも同じことが起きているのではないか。本当はすごく寂しいっていうか……。そこに松木先生と僕はちょっと似た感じを持っているのかもしれないけれども、そこに反応したのかなって。この人はやっぱり結構人を求めているんじゃないかな……という空想が沸いたっていうことはありますけどね。

松木　私が思うに、この人の中学校からの家庭での体験というのは、〝恐怖〟ではないですね。何を体験しているかっていうと、〝孤独〟ですよ。残りの家族三人はね、やり合いっていうかたちでものすごく密接に結びついていて、この人だけ蚊帳の外なんです。それはこの人が一番古い記憶として言っている、彼女だけで大きな石の上に座ってボケッとしているっていうね。まさに、それですよ。だから、その孤独に苦しんでいる人を細澤先生が「癒やしたい」と思ったと私は思っている。

細澤　松木先生は何か誤解しているんじゃないかな。僕は、およそ人の孤独を癒したいという気持ちを持ち合わせていない人間なんだけど（笑）僕のこころの無意識の中にそういう気持ちがあって、このときそれが動いたと宣託されてしまうと反論できないけど。僕は、人間はそもそも孤独で、それはどうにもできない事実で、それはむしろよいことなんだという人間観を持っているわけ。まあ、少なくとも意識的には、松木先生のおっしゃるような気持ちではなく、彼女に精神分析体験を与えることに意味があると思って導入したわけだけど。

藤山　あともうひとつ、これ、サイコティックなブレイクダウンだっていうけど、これはサイコティックなのかなぁ？　と思って。ある種、離人感みたいな症状ですよね。

細澤　精神病性の離人症が生じたと理解しています。

藤山　離人症……まあ、ミクロなサイコシスかもしれないけれど。睡眠が悪くなったり飯食えなくなったりとか、そういうこう、マッシヴなものではないんですよね？

細澤　多少はそういうところもあったようだけど、激しい精神病的破綻を生じたわけではないね。現象学的に見れば、離人症が中心であって、精神病的破綻と言っていいか微妙だね。

藤山　すごく興味を惹くようなことを言っているような気がしちゃう。この患者がね。だから先生が「三か月しかないけど、とりあえず週三回もやってみよう」と思ったっていうのは、そういうことに関係しているのかなっていうか……。

細澤　彼女の中にある何かが僕のこころを喚起し、そこが心理療法の導入に関係しているということはたしかだと思うよ。僕は、それは彼女の無意識的希望だと思っているのだけど。

面接空間で生起したこと

藤山　この人と一緒にいて、先生、だんだんどんなふうになってきてたの？　面接をしている先生はどうだったのか。

細澤　僕はこの人を目の前にして、「この人は僕と共にここにいるけど、独りなんだな」と感じていたね。言葉を換えれば、「かかわりを持っている感じがしない」とか、「交流していない」とか、そんな感じを抱いていた。なので、心理療法のプロセスにも自分が関与しているという感覚が湧かなかったね。ともかく、彼女はここで独りを体験しているという印象だった。

藤山　先生をある程度動かしているんだけれど、先生には入らないようにするっていうか、先生が動いていることを感じながらも、ちょっとそこから距離を取っているっていうこと？　家庭の中の状況っていうのが反復されているんだろうなぁという感じがするけれど。この人は本当は「人に強力に入ってきて密着して欲しい」と思っているんでしょうねえ、きっと。でもそれはものすごい怖いっていう、強烈なアンビバレンスの中にいる人だなぁっていう感じがするので。先生がその両方についてどんなふうな体験を持って、どっちに自分を動かそうとしていたのかなぁというのがすごく知りたいなぁと感じたんですけどねぇ。

細澤　たしかにアンビバレンスが存在するのだろうけど、僕との関係においては距離を取るというあり方が際立っていたと思う。心理療法の中で、彼女は、僕を自分の範囲に入らせないようにしているし、彼女のほうでも入っていかないようにしている、という感覚を僕は強く覚えていた。

藤山　それを、先生がそのままに受け入れとこうっていうふうに思ってたんですか？

細澤　そのまま受け入れていこうとは思っていなかったけど、こころの片隅に「そっとしておいてあげたい」という気持ちはあったかもしれないね。彼女は、対象との密着した関係に対してネガティブなイメージを持っているので、彼女の距離を取りたいという気持ちを大切にしてあげたいという思いもあったかもね。それは、藤山先生に言わせれば、「そのまま受け入れていこう」ということになるのかも。

藤山　密着したものがすごくおぞましいと思いながらも、本人はそこに入れなかった、寂しいと思っているっていう、その両方があるわけですよね。そこで、先生がアンビバレントな気持ちになっていたはずですけども、どっちかっていうと、この人の恐れっていうものを受け取っているほうが強かったってことかな？

細澤　そうだろうね。僕ももちろん「そっとしておいてあげたい」という気持ちだけではなく、ここで交流が生じて何かが生まれることが大切という気持ちもあったわけだから、それはアンビバレンスだよね。実際に、週三回会っていたので、それだけでも相当濃密な関係があったと思う。そう考えると、現実の中で週に三回会うという濃密な関係があったからこそ、面接の中ではアンビバレンスの片割れ、つまり、距離を取るというほうが展開したのかもしれないね。ちなみに、設定は対面なんだけど、僕は一人掛けのソファに座って、彼女はその正面の三人掛けのソファに座っていた。そして、彼女は三人掛けのソファに、靴を脱いで、横を向いて、体育座りをしていたんだよね。

藤山　ソファ上で？　横を向いて体育座り？

細澤　そう。三人掛けのソファで、靴を脱いで、横を向いて、体育座りして、彼女は連想する。その姿勢そのものも、僕と距離を取っているという感じを受けた。彼女が心理療法の中で連想したガラスの中の女の子と同じ姿勢を取っていたんだよね。

松木　はぁはぁ。

細澤　彼女が持っているイメージが僕の目の前で展開している。それもあって、僕は彼女がガラスの中に入っているんじゃないかという感覚を持ったわけ。そこには確実に僕と彼女を隔てるものがあったのだと思う。

面接空間で生起した事態の意味

松木　あの、もう一回聞くことになると思うんだけど、なんでこの人が距離を取っているっていうふうに、細澤先生は理解しているんですか？

細澤　いや、僕は、彼女が距離を取っていると理解したのではなく、距離を体験したんですよ。理解というより、そういう感覚かな。彼女は僕と関係が密になることを非常に恐れているという実感を抱いたんだよね。

松木　もちろんそうなんだけど、なぜこの人が密になるのが怖いのかっていうことですけどね。だけどそれは、この人、語っているんじゃない？　彼の話とか何とかでね。結局、彼を傷つけかかった話があって。傷つけたっていう話があるし。傷つけたら彼が今度は別の女性を彼女の部屋に連れ込んだっていうふうにね、報復してきて傷つけられたっていう話があるし。彼女自身の中の感情が相手に重荷であって、相手が耐えられないから、自分の中のものを出したら相手がその重荷で大変傷つくか、あるいは報復してくるっていうのが、この人が恐れていることだって語っていないですか。

細澤　そうだね。

松木　それで、ここまでで私は、一番重要なセッションは、十五セッションだと思うんです。

細澤　松木先生の考えでは十五回目なのか。

松木　それで、「彼女が何かに執着するのがすごく怖い。物でも人でも」って言っているじゃないですか。これはもう明らかに彼女が細澤先生に執着しはじめていて、そのことに非常に不安になっている。執着するっていうことは、この人の情緒を先生のほうに出す、重荷をもたらすということですよね。それを非常に恐れているっていうことであって、十六セッションで前の彼も「感情を出せ」と言った云々と言っているんだけれども、これは投影ですね。彼女から出そうなんだけど、むこうが「出せ出せ」って言っているっていうふうな話として、この人が防衛しはじめていることだと思うんですが……。だからそこで、体育座りして明らかに知らん顔してそこに座っているのかも知れないけれど、もう明らかに情緒的には依存的なものが動いているんだから、これを取り上げることが非常に大事なことだったと思うんですけどね。

細澤　僕の介入は、彼女が僕に執着してしまうことを恐れているという意味合いを持っているのだけれど、松木先生の考えでは、すでにもう僕に執着しているという文脈で解釈したほうがよかったという意味？

松木　そう。そういう意味。

細澤　でも、松木先生はそう言うけど、このとき、僕は、彼女に執着されているという実感がなかったんだけどね。

藤山　でも、こんだけ回数来るっていうことは、すごいことだよ。

細澤　それはそうだけど、それが執着を表すとは限らないでしょ。

藤山　最初から言ってたもの。強力に先生がこの人に「精神分析をやろう」って言っているし、この人も、「じゃあやりましょう」って言っているわけで、もう相当のことだと僕は思うけどね。

細澤　そうかねえ。

藤山　つまり、空虚じゃないものっていうのはものすごい怖い、充実したものは怖いものなんですよね。すごく充実したことが二人の間に起こりはじめているのだから、そのことを心配しているんだろうね。

松木　治療者が三日来いって言って、彼女も三日来るっていう、もうそこですでに関係は体育会系になっているじゃないですか。

藤山　体育会系。うん。両方とも「やるぜっ」ていう。

細澤　僕はおよそ文化系的な人間なんだけどな。どうもピンと来ないね。

松木　このような治療は、やっぱり、ある種の情緒的なつながり感がないとできないもの。

細澤　そういうものかな?

藤山　そうでしょうね。それはたしかにそうでしょう。

細澤　まあ、あんまり納得できないけど、そういう部分もあるのかもしれないね。

松木　それでね、そのあとの十八セッションのお母さんの話っていうのは、母親が「自分が存在意義がないから私に期待した」という話なんですが、これは要するに、母親の存在意義のなさというものを母親が彼女の中に押し込んだっていうことですね。この人の主訴の「生きている意味がないと思う」という訴えは、母親から押し込まれたものに今も苦しんでいるっていうことを言っているわけです。だから、関係が密になるっていうことは、相手からそういう重荷を押しつけられるし、逆にこの人が相手に重荷を押しつけるっていうね、そういうものだって彼女が体験していることだと思うし、「私の中はからっぽです」と言っているのは、つまり自分の中にあるのはそういう「存在意義のなさ」という、押しつけられたものだけであって、それを抱えるのに自分は一生懸命だったってこの人が言っていることだと思いますね。

細澤　なるほどね。松木先生らしい理解だね。

藤山　この人がどっかで、「自分と他人の境界が曖昧だ」って言っているんですよね。そこなんだと思うんですよね。この人が本当に困っていることって……。相手のものが自分の中に入ってくるし、自分のものが相手の中に行っちゃうし、そういうことを避けるためには、物理的にはるかに距離を取ってなんとかするしかないのだろうか。でもそうするとこの人はものすごく虚しくなっちゃう。空虚になっちゃうっていうのは、全体的なものがあるんじゃないですか。だから先生との間にも、最初のセッションぐらいで大きなことが起こったんじゃないかっていうことを感じる。

細澤　なるほど。目から鱗というほどではないけど、藤山先生の理解には刺激されるね。

松木　それで、二十セッションの最後にですね、「家族のみんなに仲良くして欲しかった」って言うじゃないですか。でも今でもこの人、家族に、距離を置く、冷たい態度を取っているわけですよね。

細澤　そうだね。

松木　遠ざからず仲良くして欲しかったって言っているわけでしょう。これって細澤先生との間で体育座りして知らん顔しているんだけど、仲良くして欲しいって思っているいると言っているわけだからねえ。

細澤　そうなのかねえ（笑）

松木　「あなたと、私は仲良くしたいんだ」って言っているわけで。おそらくその後沈黙がちになっていったのは、これを告白しちゃったもんだから、近づかれることが怖くてまたディフェンスのほうに動かざるを得なくて沈黙が増えた可能性はあるかもしれないと思います。

細澤　なるほどねぇ。そういう理解もできるんだね。

藤山　これ、「家族のみんなに仲良くして欲しかった」っていうのは、「家族のみんなが自分と仲良くして欲しかった」っていう意味なの？

細澤　家族が、それぞれと仲良くして欲しいということでしょう。母親と姉のけんかが発端になって、父親が暴力でも持って介入するという図式があったわけだから、そういうものをなくして、みんな仲良くして欲しいということだと思うよ。

藤山　「家族たちが仲良くして欲しかった」っていう意味なの？

細澤　そういう意味だと思うよ。

松木　家族が仲良くするとこの人が入れるでしょう。
細澤　そうだよね。そこは納得できるね。

期限設定の意味

藤山　一番合理的に一定期間会って、姿をくらませる、一番いい設定だよね。この人にとって合っているとも言えるわけだよね。後腐れないっていうかね。
細澤　僕は、彼女は転居が決まっていたからこそ、心理療法を受けることにしたと思っている。彼女はスキゾイド的な人なので、最初から関係がまもなく切れるという前提がないと心理療法に入ってくることは難しかったんじゃないかと思うね。
藤山　ですよね。そのこと、解釈しなかったの？
細澤　ずいぶんと昔の事例だから、記憶はあまりないけど。解釈したかなあ？　僕の感覚としては、おそらくそのことは解釈していないと思うね。
藤山　その、そのこと自体がすごく、出会い方の一番重要なモーメント、重要な要素のひとつだったと思うので、それを解釈することは十分意味があったのかなぁと思う。でもそれを解釈しちゃうと始められなかったかもしれなかったりして。どうなんだろうか。私からすると、そこを解釈せず扱わずに始めたのは根本的に間違った出発かもしれないとも思います。

細澤　心理療法の最初からそういうまとまった理解があったわけではないので、そのような解釈ができる可能性はなかったけど、藤山先生の言うことはうなずけるな。

松木　転居することが決まっている彼女がいるっていうのが、家族がけんかし合っていて、この人はそこからはずれているっていう、その関係性の逆転、リバーサルの治療への持ち込みだと思うんです。つまり彼女のほうが転居するっていう、ある種のエキサイティングなものを持っていて、そして細澤先生はその彼女に、かかわるんだけれど、結局「いや、私は転居しますから」って言ってすませるあり方を彼女は取っているのですね。だから家族が大騒動しているのに彼女がひとり置いておかれているような立場を、細澤先生が取るという関係に、この人が転居っていうものを持ち込むことで持って行っているんじゃないかなって思うんですね。そこで重要なことは、彼女のほうから離れることとです。細澤先生が置いていかれるんですよ。家族は家族三人で行っちゃって、この人だけ置いていかれたっていう、そういう体験をこの治療関係の中で逆転して反復しているというところに、まさにこの人がこの治療を始め継続している無意識的な意義があったんだろうなと思います。

藤山　だからその、逆転して反復するっていうのは、ある種の復讐だったかもしれないわけで。

松木　そうそう。

藤山　復讐を、そのまま復讐させっぱなしにしておけば、それは変化はないですもんね。だから、復讐だっていうことから、復讐じゃないものに変形していくっていうことができたらよかったのかなぁと思うけど。ひょっとしたら、綺麗に復讐をとげさせるみたいなかたちになってしまうかもしれないっていうのがあるかなって。

細澤　先ほど、藤山先生は、転居の要素も含めて解釈すると、心理療法に来なくなったかもしれないと言ったけど、そのあたりもう少し語ってくれる？

藤山　分析をはじめて、そのことが重要だと思ったら取り上げたほうがいいと思うんだけど、いきなりそれを取り上げたら、この人の無意識的な動機をブロックさせたら、ひょっとしたら来なくなっちゃうかもしれないですよね。だからどっちがいいかって難しいけど、気づいたら話をすることになっちゃうんだろうけどね。細澤先生がそのポイントを棚上げにしておいたのはやっぱり、どっちかっていうとそこを取り上げると分析を始めるのが難しくなるっていうか、そんないろんなことが先生の中に無意識的に動いていたかもしれないなと、感じるものですね。

松木　この人は来なくなっていい人だと私は思うんです。おそらく、この人はこういう期限設定のかたちじゃなかったら、心理療法の途中で来なくなっていることは十分にあったと思うんです。だけど、自分であえて期限設定を作ることによって、心理療法に来るように自らを強いているっていうところもあるわけだから、中途半端な苦しみのところに自分を置くことをやめるという意味で、来なくなるのもひとつの選択としてあってても不思議ではない気がします。というのは、来たって三か月しかないんだから、三か月でできることなんて実質的に限られているわけだし。その気にならないのなら途中で来なくなったっていいと思うんですが、でもこういう人に限って来るんです。そこに不幸の反復があるから。

無力感を解釈する

松木　おそらくこの心理療法では、細澤先生と穏やかに別れることができたというのが、この人にとって治療体験がもたらしたひとつの意義なのかもしれませんね。しかし、この人がこのままだったら、また一人でいるときにだけ寂しさを味わうっていう、ある種、マスターベーションのほうに戻ってしまうような。関係から離れた在り方で情緒を体験することになってしまうんで、経過の中でもう少し彼女の求めているものを取り上げてもよかったかな、とやっぱり思いますね。つまり、たとえばこの人が三十六回で、「あの人たち（両親）が、子どもを産んで生産した結果がこれ」って言って、細澤先生が「あなたが他者との間に同じ結果になる」という、治療者との間でも同じ結果になるんじゃないかっていう彼女の空想を解釈しているんだと思うんですが、私はこの解釈自体はよかったと思うし、そうしたら彼女は「生産したくない」っていう返事を返したんですね。生産したくないっていうことは、生産しかかっているっていうことです。つまりもう、この時点で彼女はもう、そういう意味でメンタルに妊娠しているんですね。だからそこのところをはっきり取り上げてよかった気が僕はします。だから、最後までメンタルな妊娠を隠して別の場所に行っちゃったっていうふうになっているからね。

藤山　あはははは（笑）　そうだね。

松木　後半になったら余計隠しているから。

細澤　なるほどね。松木先生なかなかいいことを言うね。そこは納得。

松木　それでこの人、何を妊娠しているかっていうと、愛されたい気持ちですよ。二十三回目のセッションで「自分の中に愛されたいという思いはある」って言ってますね。これがもう、どんどん大きくなっていっているんですね。だけど大きくなると、この人は葛藤を起こすわけですよ。葛藤っていうのは何かっていうと、愛されたい思いとそれが相手の重荷になることとの葛藤なんだと私は思うんです。ですから、この人の愛情をめぐる思いっていうのをもう少しダイレクトに取り上げてよかったんじゃないかなっていう気がしますね。なんとなく全体的に、細澤先生がスッと入るときもあるんだけど、そのあとちょっと遠慮するっていうか、引くっていうか。ちょっとそんな感じが起こっていて、どうせ三か月なんだから、もっとどんどん入っていってよかった気がするんだけど。

細澤　でもね、彼女が僕に愛されたいと思っているという実感が僕になかったわけだよ。実感がない内容を解釈することはできないね。

藤山　ふーん。結構、愛されたいと思っていたと思いますよ、これは。だって週三回を二人でやってるんですからね、二か月で。三か月で別れなくちゃいけないっていうふうに始めたんだけど、これ以上やっちゃうと名残惜しくなってしまうんじゃないかっていうふうにこの人は思っていて、その間でこの人は揺れ動いているとは思うんですよね。僕が面白いと思ったのは、この人が「参入するのをあきらめた」って言っているわけですよ。ここがとっても大事なことで、つまりこの人は参入するのをあきらめたんですよ。それで、「転居して細澤先生を置いていく」っていうことで、参入するのをあきらめている自分っていうのを投影しているわけですよね。そこをどう先生が生きるかっていうか、そこをセラピストがやっぱりこの人と同じような無力感におちいってしまうのか。もちろん、一緒に転居できるわけじゃないし、転居をやめさせるわけにいかないんだけれど、そのことにどれぐらい向き合って、細澤先生がその無力感をどれだけ超えていけるかっていうことだな。そこを試しているのかなっていう感じがしますよね。

つまりこの人が「生産」と言っているのは、おうちの中でわけのわからない原光景みたいなのがあるわけだけれども、自分だけがそこからボーンと離れちゃって、本当にひとりぼっちなわけですよね。その「生産」って言っているのは、家族の中にある、ある種の魔術的な力みたいなもんなんでしょうけど、そこからおっぽり出されているというものを「いくら先生が私に向き合っても、私はもう手が届かないのよ」っていうふうにして分析に持ち込んで、そういうところから面接をはじめているっていうことはものすごく大きいと思う。そこに先生がどれぐらい気づいて、なおも何かをやり続けるかっていうことなんじゃないかなっていうふうに感じましたけどね。

細澤　彼女は僕に無力感を味わわせたわけね。

藤山　だから、先生が「どうせこの人、オレになんか惚れてないだろ」っていうのは一種のそういうものなんじゃないかと思うんですよね。

細澤　なるほどねえ。そこに無力感があるのか。僕はもてない人生を歩んできたから、無力感をあまり実感できなかったのかな。

藤山　細澤先生が感じている無力感。その無力感を感じさせたかったのか。「私がいくら感情的になっても誰にも影響を与えない」っていう、そこに細澤先生は何か私に影響を与えてくれるんじゃないか、それが私が家族に対して与えられるものなんじゃないか。何かそういうものを得たかったのかなっていう。だから、先生から何かを取り入れたいっていうか、先生がコンテインしたものを取り入れたいっていうことだと思うんですよね。

愛情への欲求

藤山　この人、その後どうなったんだろうね？　それは全然知らない、先生は？

細澤　まったくわからないね。彼女が再び僕のもとを訪れることはなかったし、何の便りもなかったよ。

松木　さっきの「参入」の話のところなんですけどね。彼女は「家族は私が生まれる前からあって、そこに私が参入したわけだからあまりにも無力だったと。あまりにも無力感が大きくて参入するのをあきらめた」って言っています。この発言は要するに、彼女が参入したときに、彼女は、少なくとも彼女の主観的には、「彼女の参入はウェルカムされなかった」と体験したっていうことですよね。自分の出現は歓迎されなかったというのは何かっていうと、一番は、母親からの愛情が自分に向けられなかったと彼女が体験しているっていうことだと思うんです。だから「自分に愛情が向けられなかったから、私からも愛情を向けるわけにはいかない」とこの人が言っているように聞こえるんです。そしてそれをこの人がここで話しているということは、受け入れ側、つまりこれは治療者のほうですけど、受け入れ側から能動的に愛情を向けることについて、彼女におけるそのニーズについて語っていると理解できるようにも思うんです。だからもし私ならここで、「あなたがこうして私との治療に参入しているわけだから、私があなたに愛情を向けることがないと、私たちの関係での愛情は生まれないんだとあなたが言われているんですね」って言うかなと思います。

細澤　松木先生らしいね。

松木　同じような文脈なんですが、最後のセッションで、仕事関係の女性に泣かれたっていうエピソードを話してびっくりしたっていうじゃないですか。もし僕がこの人と面接しているのなら、ここで「ああ、あなたは私のこころの中で私が、別れで泣いているのを感じているんですね」って言うけど。

藤山　そこはそういう感じなんでしょうね。

松木「そんなわけないじゃないですか」って、この人なら言うかもしれませんけどね。

細澤　僕の理解は逆だったね。僕は単純にこの件を彼女の投影だと理解していた。彼女は僕との別れを本当はとても寂しく感じていて、こころの中で泣いていると思っていた。彼女が僕に投影しているとは思わなかったな。でも、僕は逆転移として一抹の寂しさを感じていたから、松木先生の理解は納得できるね。

松木　その理解は正しいと私も思うんだけど、もし「あなたが泣いているんですね」って言ったら、余計この人レスポンスできないと思うんです。

細澤　なるほどね。だから、投影の結果の文脈で解釈したほうがよいということね。松木先生はやさしいね。

藤山　それと、近づくことを恐れるのは、密着して先生から壊されるとかっていうことで恐れているというよりは、彼女が何か先生に対して悪いものをもたらすとか、そういうタイプの恐れのような気がする。だから、恐れるのも含めて先生への愛のような気がするけどね。

松木　そう。この人が「欲望は切りがない」と言っているじゃないですか。それは明らかに、愛情を求める欲望ですよね。だから愛情の欲望を抱くことは細澤先生を傷つけたり、重荷を抱えさせてしまうと恐れている彼女もいるんですね。しかしそこでパラノイド、スキゾイド的な発想も起こるから、傷つけられた細澤先生が今度は復讐してくるんじゃないかっていうね……それもこの人が抱いているものではあるようですけど。

細澤　それもまた松木先生らしい理解だね。僕にはそういう理解は馴染まないな。

藤山　もう切りがないとか、欲望をそばに置いておかないと危険だとかいう、このへんはもう、はっきり「先生を好きになっちゃっているみたいだ」ということが、前意識レベルまでは来ている感じが僕はするんだけどね。だからひょっとすると、こういうこと聞いたら、この人はなんかちょっとマスターベーションみたい、変なアイデアを作っちゃったりしてごまかそうとしてるのかなっていうような感じがちょっとしたんだけどね。なんか、この人の愛っていうものを細澤先生がなかなか信じられなかったっていうことなんですかね。

細澤　いや、僕だって少しは女心を理解できますよ。彼女の僕に対する愛情を信じることはできたけど、それよりも愛情を恐れる気持ちのほうがはるかに強かったと思っている。それで、僕は愛情を恐れる気持ちのほうに主として焦点を当てたわけです。その分、愛情そのものに十分に触れることができなかったというのはその通りだけど。今、またこの事例に心理療法を実践したとしても、技法的にはもう少し洗練されているだろうけど、基本的には同じように扱ったと思うな。

松木　たしかに、私がさっきから言っているのは「愛そのものに触れよう」って言っているのです。

細澤　松木先生はそうなんだね。そこに僕と松木先生に違いがあるんだろうね。

松木　そこのフォーカスの置き方が違うっていうのはそうですね。

藤山　その恐れの根源が、この人の攻撃的なものにあるのか、それともやっぱり愛情によって相手を傷つけるということだったりするのかっていうことで、もし後者だとしたら、やっぱりまず愛のほうに触れていかないとちょっと寂しいですよね、この人にとっては。

細澤　そうかねえ。そこは藤山先生も松木先生と同意見なんだ。僕は、いきなり愛に触れるよりも、最初はそこにまつわる不安に触れるほうがいいように思うけど。

藤山　まあ、感情的なもの、それにつきますね。感情的なものを否定されたくないっていうことは、一応先生はそれを否定しなかったっていう意味なんだと。先生は、自分の愛情を否定はしなかった……って言ってんじゃないかって思うんだけどね。

分析体験の意義

松木　このセラピーを終わって、彼女はいったい何を体験したんだと、細澤先生は考えているのですか？

細澤　そうだね。何を体験したんだろうね。僕は体験そのものが重要で、それを分節化することは重要だけれども、体験を促進することほど重要ではないという考えを持つ臨床家なので、あんまりそういうことを考えないんだけど、あえて考えてみようか。ひとつの重要な要素は、僕との別れをきちんと体験したということなんじゃないかな。それがよい別れかどうかはわからないし、別れにいいも悪いもないと思うけど、彼氏との別れで十分に体験できなかったものを僕との別れではある程度体験できたんじゃないかな。

松木　その別れをきちんと体験するというのは、今まで出てきた文脈から言えば、この人にとって何なのかっていうことですね。

細澤　彼女は、「寂しさを体験できない」と言っているのだけれど、そういうことで逆説的に寂しさを体験しているんだと思うよ。彼女が、寂しさを十分に体験できるようになったとまでは言わないけど、「体験できる準備が整ってきた」とは言えるんじゃないかな。

松木　うん。その寂しいっていうものに、無意識的なところでは触れる態勢がもうできているところまでは来た感じがしますね。この人は「生きている意味はないと思う」と言っている。私は、これは人生におけるまったく正しい洞察だと思っているんです。生きていることの意味はないですよね。だから、愛情が行き来することの意味も別にないんです。でも、その意味がないことを知った上で、愛情その他の思いを抱くものとして生きているんだという腹を決めることが必要なんだと思うんです。だけどその腹が決まらないっていうのでこの人は苦しんでいる、そういうことなんだと思います。

藤山　だからこの人が愛するっていう、人生に意味がないっていう、この人の課題はけっしてそこまでは行ってないですよね。つまりある種の挑戦だったり、"grievance"っていうか、不平不満の表現として言っているんですよね。だけどまあ、生きていることに意味はないですよね、本当は。

事例検討を終えて

細澤　仁

私は、藤山先生におそらく五年ほど個人スーパービジョンを受けました。松木先生にはコンサルテーションおよび事例検討会でコメントを受けたことがあります。私は、それらの体験から藤山先生と松木先生の違いを体感しました。精神分析業界内では、藤山先生と松木先生の違いは比較的明瞭だと思われているようです。しかし、この二人の臨床実践には世間が考えているほどの違いはありません。おそらく、この二人の違いの本質はマクロなところではなく、ミクロで微妙なところにあります。二人の微妙な違いについて、私は事例検討の中で同じ素材に対して同時にコメントしてもらうことでより強く体感することができました。読者のみなさんもそれを味わうことができたでしょうか？

私にとって、この事例の肝は、彼女が心理療法の中に持ち込んだスキゾイド的あり方をいかに体験し、扱うかということでした。私がそれを十分に達成したと言うつもりはありません。相当以前の事例という事情もあります。当時の私は精神分析臨床家としては駆け出しであり、トレーニングもまだそれほどには積んでいない時期でした。しかし、今の私ならば当時の私以上に素材を精神分析的に扱えたとは思えません。結局、ほとんど同じプロセスを辿っただろうと空想します。私が臨床家としてたいして成長していないことも理由のひとつですが、精神分析プロセスは臨床家がコントロールできるものではないという事情も関与しています。臨床家の成長が進展していようが、停滞していようが、それとは関係なしに、セラピストと患者の間でプロセスが自発的に展開するのです。そして、臨床家が成長しても、何が臨床において大切かという理念に関してはそれほど変化しないものです。もちろん、その理念がプロセスに与える影響については常に内省する必要があります。しかし、理念を持たない臨床家などいるはずがないので、それを持っていること自体は罪ではありません。臨床家の責務は自分の理念について常に想いをめぐらせ、それが過剰にプロセスに影響を与えることに警戒しつつ、それでも与えてしまう影響を精神分析的に扱うことでしょう。

松木先生のコメントの内容について、私は、なるほどと思うところもないではありませんが、どうかなと思うところが多々ありました。松木先生の理解は明快で説得力がありますが、ときとして粗雑に思えます。分節化することは、分節化できないものを排除することです。それでも必要と思われる局面で、私たちはあえて分節化するのです。そして、分節化することによってとても重要なものが失われてしまいます。その喪失を悲しむことができる臨床家でありたいと私は思っています。また、そうであるがゆえに、分節化する前に十分に出来事を味わう必要があります。すべての分節化は暴力です。しかし、その暴力が臨床においてときに必要となるのです。松木先生のコメントの内容にはその悲しみの陰影が見当たりません。これは松木先生の著書や論文についても感じることです。私は、直接接触する際の松木先生にその悲しみの陰影がまったくないとは思っていません。松木先生は、コメントの内容や著作の中では、それを隠しているのだと思います。しかし、直接対話の場における松木先生のコメントは私のこころをとても喚起します。それは、松木先生の隠しているものが非言語的に伝わるからでしょう。松木先生のコメントはライブでこそ喚起する力を発揮すると思います。この事例をめぐる討論が通常のコメント論文では読み取れない松木先生の喚起する力をライブの十分の一でも表現しているとよいのですが。

藤山先生のコメントにはとても複雑な気持ちになりました。私は、藤山先生が四十代で血気盛んなときに個人スーパービジョンを受けました。私の著作を改めて読んでみると、私がいかに藤山先生の影響を受けたのかがわかります。四十代の藤山先生は、繊細にして創造的でした。そして何よりも生き生きとしていました。そのコメントは厳しくも鋭いものでした。藤山先生との個人スーパービジョンは、大げさにいえば、常に生死をかけた真剣勝負といった趣でした。還暦を迎える藤山先生は、当時よりはずいぶんとやさしくなりましたが、繊細さと創造性を相当失ったように思えます。生き生きとしたところもずいぶんと少なくなってしまいました。老いとはとても悲しいものです。しかし、藤山先生はその衰えも含めて私に生きることの実際を教えてくれているのだと思います。藤山先生からすれば私は道を踏み誤った弟子でしょう。そのような放蕩の弟子である私のケースに対して、藤山先生は真摯にコメントをしてくれました。スーパービジョンを受けていたころと違い、還暦を迎えた藤山先生のコメントの内容は、残念ながら私のこころをそれほど喚起しませんでした。しかし、藤山先生のコメントをする姿勢は私のこころを揺り動かしました。藤山先生は私に何か大切なものを伝えようとしてくれたのかもしれません。それは老いや死と関係する何かのようです。そのような藤山先生の厚情に対して私は感謝します。また、老いを体験し、死をそれほど遠くないときに迎える時期にいる臨床家の姿を私に示してくれる藤山先生に対して敬意を表したいと思います。

かなり生意気で失礼なことを書いていますが、私も人のことを言える立場にありません。私もすでに老境の一歩手前まで来ており、人間としては下り坂です。下り坂の大先輩である藤山、松木両先生は私に老いの意味を教えてくれているだけではなく、その際のモデルを私に提示してくれていると思います。無論のこと、私はお二人のあり方を自分のモデルとするつもりはありません。私はお二人と同じ土俵にはいませんし、個性も相当異なるので、お二人の提示してくれるモデルを参照しつつ、私なりの老いを生き抜きたいと思います。

私も歳を取ったので、最近は事例検討会に自分のケースを出す機会がめっきり減りました。それゆえ、この事例検討はとても貴重な機会でした。私はとても楽しいときを過ごしました。そして、切なさも体験しました。こころが喚起され、私はさまざまなもの想いに耽りました。私は、松木先生と藤山先生を師匠だと思っていますす。しかし、私の臨床家としてのあり方は、お二人とは相当に異なるものであることを再認識しました。私にとって、この事例検討は臨床家としての生にひとつの区切りをつけてくれるものとなりました。そのような機会を与えてくれたお二人に再度、感謝を捧げたいと思います。

あとがき

還暦とは、干支が一巡して、起算点となった年の干支に還ることです。還暦には近親者が赤い物を贈る風習がありますが、そこには赤ん坊に還るという意味合いがあります。となると、還暦には新生が含意されることになりますが、現実には還暦は引退、そして死への一里塚です。

この鼎談を終えて、私はある悲しみを体験していることに気が付きました。老いとは悲しいものですね。老いとは衰えることに他なりません。ポテンシャルを秘めたワインは、若いころは固く、近寄り難いのですが、熟成と共に、開花し、まろやかになり、あるときピークを迎えます。その後は、枯れてゆき、やがて酢となり死に絶えます。人間もおそらくそうなのでしょう。人間も、ピークを迎えた後は衰えるだけです。それを老成や円熟と言うのは現実否認です。もちろん、ピークを迎える時期は人それぞれです。早熟タイプの人もいるでしょうし、晩成タイプの人もいます。しかし、やはり人間の事実は、生まれ、成熟し、衰え、死んでいくということにあります。ピークを迎える前に死ぬ人もいますが、ある程度長生きすれば、誰もがこのプロセスに従うことになります。

本書は藤山先生の還暦を祝うという意図を持っています。私は藤山先生がまだ血気盛んであったころに知り合いました。藤山先生の成熟を間近とは言えなくても、それほど遠くないところから眺めてきました。私は藤山先生とは相当に個性が異なりますし、精神分析観も微妙に違います。それもあって、私は藤山先生から影響を受けたということに関してはそれほど自覚していなかったのですが、最近、私自身本を著すようになって、改めて自分の考えを整理してみると、私にもっとも大きな影響を与えたのが藤山先生であったことに気づかされます。

しかし、やはり藤山先生は私が出会ったころより老いたようです。かつての生き生きとした創造性豊かな藤山先生の面影は見当たりません。鋭敏な感性も失われたようです。人間としてはピークを過ぎ、衰えが目立つようになっています。その一方で、藤山先生は精神分析家としての純度を高め、精神分析原理主義的傾向を強めています。私はそれ自体が老化だと思わないでもないのですが、藤山先生は精神分析家としての成熟過程にいるようです。精神分析家は死ぬまで成長できるよい職業なのかもしれません。藤山先生は人間としての老化や死を否認しているわけではありません。それを受け入れつつ、精神分析家として成長したいという欲望を持ちつづけているのだと思います。還暦を迎えてのこの事態は悲しむべきものではなく、喜ばしいものでしょう。ただ、私はきっと精神分析家としての藤山先生よりも人間としての藤山先生のほうが好きなのでしょう。それもあって、いささか悲しみを体験しているのです。藤山先生にとっては余計なお世話ですね。私は藤山先生の現在に十年後の自分を重ねて見ています。私も人間として老化の過程にあり、確実に死に接近しつつあります。しかし、まだ成長の方向に悪あがきする力を少々持ち合わせています。藤山先生の成長への欲望ほどスマートではありませんが、往生際の悪さが私の持ち味でしょう。

たしかに、人間としての藤山先生は老化し、衰えていますが、藤山先生のこころの自由度は増しているようです。もっとも、藤山先生はもともと自由人でしたが。藤山先生自身は精神分析原理主義の方向に向かっているようですが、精神分析ではないさまざまな事々や人々に対して開かれたこころを維持しています。特に心理臨床の世界では年齢を重ねて狭量になる人が多いようですが、藤山先生は年齢を重ねるごとにその度量は広がっているように思います。私はそういう藤山先生が好きです。同じことは松木先生にも言えます。そして、生意気なことばかり言っている礼儀知らずの私を受け入れてくれるお二人にとても感謝しています。

私は藤山先生を師匠と思っています。藤山先生は私を弟子と思っていないでしょう。藤山先生は否定するでしょうが、私は藤山先生からとても大きな恩義を受けたと思っています。本書の刊行で藤山先生から受けた恩義の何分の一かでも返せたとしたら私は満足です。

この鼎談は、三回に亘って行われました。そのうちの一回分と事例検討は公開で行われました。最後に、公開の鼎談に参加していただいた聴衆のみなさんと事例検討の司会をしてもらった上田勝久君に深謝したいと思います。

細澤　仁

著者略歴

（ふじやま・なおき）

1953年生まれ．1978年東京大学医学部卒業．帝京大学医学部助手，東京大学保健管理センター講師，日本女子大学人間社会学部教授を経て，現在，上智大学総合人間科学部心理学科教授．東京神宮前にて精神分析家として個人開業．日本精神分析協会訓練分析家．国際精神分析学会（IPA）認定精神分析家．著書に『落語の国の精神分析』（みすず書房）『精神分析という営み』『集中講義・精神分析』『精神分析という語らい』（以上 岩崎学術出版社）など．

（まつき・くにひろ）

1950年生まれ．1975年熊本大学医学部卒業．九州大学心療内科，福岡大学医学部精神科，恵愛会福間病院を経て，現在，京都大学教育学研究科・臨床教育実践研究センター教授．日本精神分析協会訓練分析家．『私説 対象関係論的心理療法入門』（金剛出版）『摂食障害というこころ』（新曜社）『不在論』（創元社）『対象関係論を学ぶ』『精神分析体験 ビオンの宇宙』（以上 岩崎学術出版社）など．

（ほそざわ・じん）

1963年生まれ．1988年京都大学文学部卒業，1995年神戸大学医学部卒業．兵庫教育大学大学院学校教育研究科教授・同大学保健管理センター所長，椙山女学園大学大学院人間関係学研究科教授を経て，現在，アイリス心理相談室，フェルマータ・メンタルクリニック．著書に『解離性障害の治療技法』『心的外傷の治療技法』（以上 みすず書房）『実践入門 解離の心理療法』『実践入門 思春期の心理療法』（以上 岩崎学術出版社）など．

藤山直樹
松木邦裕
細澤　仁
精神分析を語る

2013年11月 8 日　印刷
2013年11月19日　発行

発行所 株式会社 みすず書房
〒113-0033 東京都文京区本郷5丁目32-21
電話 03-3814-0131(営業) 03-3815-9181(編集)
http://www.msz.co.jp

本文組版 キャップス
本文印刷・製本所 中央精版印刷
扉・表紙・カバー印刷所 リヒトプランニング

Printed in Japan
ISBN 978-4-622-07790-9
[せいしんぶんせきをかたる]